이선비, 지도를 그리다

이선비, 지도를 그리다

세계로 글·기획 | 황문숙 동화 | 김도연·정인애 그림

Mirae N 아이세움

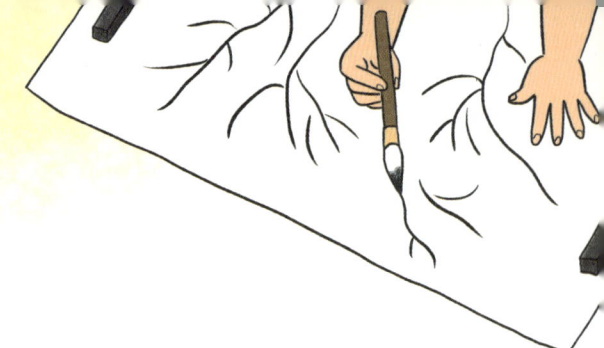

차례

비를 멎게 하소서 • 6
지도란 무엇일까? • 22

지도 때문에 길을 잃다 • 24
우리나라는 언제부터 지도를 만들었을까? • 48

문경새재를 넘다 • 52
조선 시대 최고의 지도 장인은 누구일까? • 82

첩자로 몰린 예원이 • 86
꼭 알아야 할 조선 시대 지도에는 어떤 것들이 있을까? • 110

조선 최고의 지도가 완성되다 • 114
조선 시대에는 어떤 도로가 나 있었을까? • 144

세계로 선생님들이 들려주는 지도 이야기 • 148

나오는 사람들

이세로 (이선비)

조선 시대의 좌충우돌 호기심 많은 선비. 전국의 비 피해 상황을 파악하기 위해 길을 떠나지만, 비변사에서 얻은 지도가 잘못되어 있던 탓에 큰 어려움을 겪는다. 그러다 지도 장인 예원의를 만나면서 백성을 위한 지도에 관심을 갖게 된다.

예원의

본래 조선의 도로 사정을 잘 아는 보부상이었다가, 지도에 미쳐서 전국을 돌아다니며 지도를 그리는 지도 장인. 이세로와 지도에 대한 생각이 달라 처음에는 부딪히지만, 점점 서로를 이해하면서 마음을 나누는 친구가 된다.

석준 스님

스승의 뜻을 받들어, 백성들에게 불경을 쉽게 전파하기 위하여 밤낮없이 목판에 글과 그림을 판각하는 스님. 산속에서 길을 잃은 이세로와 예원의를 만나 자신이 머무는 암자로 데려오면서 지도와 인연을 맺게 된다.

비를 맞게 하소서

"쏴아아아아!"

사랑채에서 마당 쪽으로 난 창을 열자 세찬 바람과 함께 빗물이 들이쳤어요. 아내 진서의 도움을 받아 관복을 입던 세로는 얼굴을 찡그렸지요. 둘째를 임신해 배가 남산만 한 진서가 말했어요.

"또 비가 퍼붓네요. 금방 그칠 것 같지 않으니, 관복은 지금 입지 마시고 따로 가져가셔야 할 듯합니다."

진서는 불편한 몸을 움직여서 기름종이를 꺼냈어요. 그런 다음 관복과 관모가 비에 젖지 않도록 꽁꽁 싸매었지요. 기름종이로 싼

옷 보따리를 들고 대청마루로 나가자 돌쇠가 나막신과 갓 위에 쓰는 고깔 모양의 갈모, 도포 위에 입는 우비인 도롱이를 들고 기다리고 있었어요. 돌쇠는 지긋지긋하다는 표정으로 하늘을 쳐다보며 말했어요.

"어휴, 하늘도 무심하시지. 이맘때 웬 비가 이렇게 많이 쏟아진대유?"

세로도 하늘을 쳐다보며 근심 어린 한숨을 내쉬었어요. 왜냐하면 지금은 한창 벼가 익어야 할 가을이거든요. 그런데 햇볕이 쨍쨍하게 내리쬐는 날은 며칠 되지 않고, 비만 계속해서 내리고 있었어요. 이 때문에 온 나라가 술렁였어요.

"3년 가뭄에는 먹을거리가 있어도 3일 홍수에는 먹을거리가 없다는데, 정말 큰일이구나."

"그러니까유. 이러다가 올해 농사는 다 물 건너가게 생겼어유."

"그뿐이겠느냐. 강이 넘치고 산이 무너져 백성들의 피해도 만만치 않다는데……. 신하들이 임금님께 보고하는 문서인 '장계'가 지방 곳곳에서 올라오고 있다 하니, 얼른 입궐을 해야겠다."

세로는 나막신을 신다 말고 진서의 불룩한 배를 바라보았어요.

"산기가 조금이라도 있으면 얼른 사람을 보내시오. 알겠소?"

며칠 전부터 배가 살살 아픈 것 같다던 진서는 싱긋 미소를 지으며 고개를 끄덕였어요.

"걱정하지 마세요. 오늘은 아닌 것 같습니다. 그리고 한창 나랏일로 바쁘신데, 못 오셔도 섭섭하지 않습니다."

"내가 섭섭해서 그러오. 성원이를 낳을 때도 곁에 없었는데……. 이번에는 꼭 내 아이를 내가 처음으로 안아 보고 싶소."

"알겠습니다. 길이 엉망이 되기 전에 얼른 입궐부터 하세요."

세로와 돌쇠는 세찬 빗속을 뚫고 궁에 도착했어요. 세로가 젖은 옷을 벗고 따로 가져온 관복으로 갈아입고 있는데, 놀라운 소식이 들려왔어요.

"나리, 전하께서 지금 종묘로 행차하신다 합니다. 문무백관들도 함께 동행하라는 어명입니다!"

"결국 전하께서 직접 기청제를 올리시는 건가?"

기청제는 장마가 계속될 때, 날씨가 맑아지기를 바라며 나라에서 지낸 제사예요. 폭우로 큰 물난리를 겪고 있는 충청도, 전라도, 경상도를 포함한 삼남 지방의 수령들은 일찍이 기청제를 올렸어요. 하지만 비는 한 달 이상 계속되었고 논밭의 곡식은 썩기 시작했어요. 이제는 임금님이 종묘로 직접 가서 기청제를 올리는 방법밖에 없었어요.

세로는 신하들과 함께 종묘로 갔어요. 이미 종묘에는 어마어마하게 많은 공물과 제물로 차린 제사상이 마련되어 있었어요. 기청제는 예법에 따라 순탄히 진행되었고, 마지막에는 임금님이 하늘을 올려다보며 기도를 올렸어요.

"사람들이 하늘과 땅에 의지해 평안히 살고 국가도 태평할 수 있도록 살펴 주시옵소서!"

애끓는 심정으로 기도를 올리는 임금님을 따라 문무백관들도 한마음으로 비가 그치기를 기도했어요.

모두의 간절한 마음이 하늘에 닿은 것일까요? 다음 날부터 빗줄기가 조금씩 약해지더니 3일 뒤, 비구름이 완전히 사라졌어요. 그리고 마침내 가을에 어울리는 푸르고 맑은 하늘이 펼쳐졌지요. 기쁜 일은 이뿐만이 아니었어요. 비가 그친 날, 세로의 아내 진서가 어여쁜 딸을 낳았어요.

"성원 도련님은 마님을 많이 닮았는데 아기씨는 세로 나리를 꼭 닮았구먼유. 감축드려유!"

조금 처진 눈매에 작은 입술, 귀여운 코까지 자신을 꼭 닮은 딸에게서 세로는 잠시도 눈을 떼지 못했어요.

"서방님, 아기 얼굴 그만 보시고 의복을 갈아입으셔야지요. 이제

입궐하실 시간입니다."

"아, 이런! 내 까맣게 잊고 있었구려."

세로는 허둥지둥 관복으로 갈아입으며 대청마루로 나갔어요. 그러다 갑자기 멈칫하더니 아기에게 뛰어갔어요.

"지금 막 우리 딸아이의 이름이 생각났소. 세상 '세(世)' 자에 익힐 '온(溫)' 자는 어떻소? 태어날 때 사내아이처럼 울음소리가 컸으니, 여자아이지만 넓은 세상에 나가 많은 것을 익히고 큰일을 했으면 해서……."

"세온…… 세온."

아내 진서는 이름을 몇 번 불러 보더니 활짝 미소를 지었어요.

"아주 마음에 듭니다, 서방님. 저도 세온이가 그런 사람으로 자라면 좋겠습니다."

세로는 세온이를 한 번 더 들여다보고 곧장 궁으로 향했어요. 궁에 들어서니 활기가 느껴졌어요. 관료들과 나인, 궁녀들이 환한 미소를 지으며 바삐 오가고 있었기 때문이지요.

"이 모든 게 전하의 덕이 하늘에 닿았기 때문이옵니다. 백성들도 전하가 성군이시라며 모두 칭송하고 기뻐하고 있습니다."

문무백관들은 임금님이 아침 회의를 여는 곳인 정전에 모여 밝은 표정으로 임금님에게 기쁨의 말을 올렸어요. 그런데 어찌 된 일인지 임금님의 표정은 어두웠어요. 임금님은 한숨을 내쉬더니 이렇게 말씀했어요.

"비가 그친 것은 다행이나, 비 피해가 어마어마할 것이다. 호조와 공조는 피해가 어느 정도인지 파악하고 이에 대한 대책을 세워서 가져오라."

세로가 속한 공조는 비상이 걸렸어요. 공조는 나라의 토목 공사나 산림, 교통 등을 관장하는 곳이라 비 피해를 파악할 방법을 찾아야 했지요.

"무엇을, 어디서부터 파악할까요? 공조판서 대감."

"들려오는 소문으로는 홍수와 산사태로 무너진 산과 도로, 강, 연못 등이 수두룩하답니다. 하지만 지방 수령들이 올려야 할 장계가 늦어지고 있어 파악이 어려운 실정입니다."

"장계뿐 아니라 공물도 늦어지고 있답니다."

관료들의 말에 공조판서는 난감한 표정을 지었어요.

"아무래도 비로 인해 한양으로 올라오는 길이 막힌 듯하네. 그렇다면 우리가 지방으로 내려가 직접 조사하는 방법밖에 없는데……. 하지만 그 지방 사람이 아닌 이상, 무엇이 무너졌고 사라졌는지 확인하기가 어렵지 않겠는가? 이거 큰일이로군."

별 뾰족한 수가 생각나지 않는지 모두 조용해졌어요. 그때 세로의 머릿속에 며칠 전 만났던 이세명이 떠올랐어요.

이세명은 세로의 먼 친척인데, 과거에 합격한 뒤 비변사에서 일하게 되었어요. 군사와 관련된 중요 업무를 다루는 비변사 일이 무척 마음에 들었는지 세로에게 끊임없이 자랑을 했지요.

"나라를 지키려면 조선의 지리를 잘 알아야 하지 않겠습니까? 그래서인지, 세상에! 비변사에 얼마나 지도가 많던지요! 모두 손으로 직접 그리고 채색하여 한 폭의 그림을 보는 듯 아름답지 뭡니까? 더 놀라운 것은, 삼국 시대에 만들어진 지도부터 최근에 만든 팔도도까지 있는데…….”

이세명은 잠시 말을 멈추더니 숨을 크게 쉬었어요.

"놀라지 마십시오. 조선과 청나라, 왜를 포함한 세계 지도까지 있었습니다!"

그때의 기억이 떠오른 세로는 자리에서 벌떡 일어났어요.

"대감, 비변사입니다!"

세로의 갑작스런 말에 공조판서는 어리둥절한 표정을 지었어요.

"아니, 비변사라니?"

"조선에서 지도를 가장 많이 보관하고 있는 곳이 비변사 아닙니까? 비변사에 가면 분명 각 지역의 도로나 시설물을 자세히 표시한 지도를 구할 수 있을 겁니다!"

그 길로 세로와 공조판서는 비변사로 달려갔어요. 사실, 비변사의 지도는 나라에서도 매우 중요한 자료로 여겨 함부로 볼 수 없었어요. 하지만 공조판서의 설명을 들은 비변사 관리는 선뜻 조선의

팔도도를 가져왔지요.

"관도가 정확하게 표시되어 있군요."

지도에는 도읍인 한양을 중심으로 조선 사방팔방 뻗어 있는 도로들이 그려져 있었어요. 비변사 관리가 이 도로들에 대해 설명해 주었어요.

"한양에서 각 지방으로 갈 때, 사람들이 많이 오고 가는 길이 있습니다. 여기 '영남대로'는 동래와 한양을 잇는 길로 과거를 보러 가는 길로도 유명합니다. 이 길을 쭉 따라가다 보면 문경새재가……."

설명을 듣던 세로는 저절로 옛 추억에 빠져들었어요.

'그래, 지도 한 장 없이 한양으로 향했었지. 그때는 길을 잃고 죽는 줄로만 알았는데…….'

처음 떠난 한양 길은 세로에겐 너무나 무섭고 낯설었어요. 사람들에게 물어 가며 방향을 찾았지만, 길을 잘못 드는 바람에 깜깜한 산속을 헤맸지요. 한 치 앞도 보이지 않는 산속은 금방이라도 호랑이나 여우가 나타날 것만 같았어요. 더듬더듬 발걸음을 옮기다 언덕에서 떼구루루 구르기까지 했지요. 엎친 데 덮친 격으로 세로는 무시무시한 도깨비까지 만났어요. 하지만 그건 도깨비가 아니라 마을 어귀에 세워져 있던 장승이었지요. 결국 세로는 안도의 한숨과 함께 참고 참았던 눈물을 터뜨렸어요. 물론 눈물을 쏟은 것은 세로 혼자만의 비밀로 간직하고 있지만요.

그때를 생각하니, 세로는 감개무량했어요.

'사내대장부가 울었다는 건 평생 비밀로 간직해야지. 그나저나, 그때 이런 지도가 있었다면 그런 고생은 안 했을 텐데.'

하지만 팔도도를 계속 보던 세로는 뭔가 부족하다고 느꼈어요. 도로는 잘 표시되어 있었지만, 다른 정보들이 빈약했거든요. 공조 판서와 세로, 비변사 관리는 좀 더 자세한 지도를 찾기로 했어요. 그러다 세 사람의 눈에 두툼한 책 한 권이 들어왔어요. 지역마다 산과 강, 도로가 자세히 그려져 있고 그 옆에는 정자나 다리의 위치뿐 아니라 그 지역의 토지와 풍속, 사찰 등의 정보까지 기록되어 있는 지리지였어요.

세로가 자신 있게 말했어요.

"이 지리지만 있으면 비가 가장 많이 내린 충청도와 전라도, 경상도 지역으로 내려가 피해 상황을 정확히 알아볼 수 있을 것 같습니다."

"좋네. 하지만 비변사의 지도와 지리지를 궁 밖으로 가지고 나가는 것은 대역죄에 해당하니 전하와 비변사 책임자인 도제조와 말을 나누어 보겠네."

공조판서는 임금님과 비변사 도제조에게 지도와 지리지를 토대로 각 지역에 직접 가서 무너진 도로와 다리들을 조사해 보고하겠다고 했어요. 그러자 임금님은 매우 흡족한 얼굴로 흔쾌히 허락해 주었어요. 공조판서는 정전을 나오자마자 세로의 어깨를 두드리며 신나했어요.

"전하께서 매우 만족해하셨네. 그러면서 지금 당장 출발하라고 하셨지. 자, 어서 준비하게!"

"네? 제, 제가 가는 겁니까?"

"당연하지! 우리 공조에서 전하가 가장 신임하는 사람이 자네 아닌가! 이번 일도 잘 해내리라 믿네!"

세로는 갓 태어난 어여쁜 세온이의 얼굴이 떠올랐어요.

"끙, 이를 어쩐다."

하지만 임금님의 명을 거역할 수는 없는 노릇이었어요. 세로는 무거운 발걸음으로 집에 돌아와 돌쇠와 함께 길 떠날 채비를 했어요.

지도란 무엇일까?

지도란?

우리는 잘 모르는 지역을 찾아갈 때, 어떤 지역을 미리 알아보고자 할 때 지도를 봅니다. 이선비가 살았던 조선 시대 사람들도 마찬가지였을 것입니다. 이렇듯 지도란 어떤 지역의 땅 모습을 누구나 쉽게 알아볼 수 있도록 종이 같은 평면 위에 약속된 여러 가지 기호를 사용하여 그림으로 나타낸 것을 말합니다.

지도의 종류

지도는 크게 일반도와 주제도로 나뉩니다. 일반도는 산이나 강 등의 자연물과 마을, 도로, 논밭 등 실제 땅 위의 모습을 축소해 기호로 그려 여러 목적으로 쓸 수 있게 한 지도입니다. 주제도는 말 그대로 주제가 있는 지도로, 특정 목적에 맞게 만들어집니다.

조선 시대에도 다양한 주제도가 만들어졌습니다. 지방에서 거둔 세금을 운반하는 배가 다니던 바닷길을 표시한 〈조운도〉, 조선의 도읍지였던 한양의 전체 모습을 자세하게 표시한 〈수선전도〉 등이 주제도에 속합니다.

1840년대에 김정호가 만든 〈수선전도〉의 목판본.

🎒 지도와 지리지

지도와 지리지는 어떤 점이 비슷하고 어떤 점이 다를까요? 먼저 지도는 그림으로 알기 쉽게 표현하기 때문에 한눈에 볼 수 있다는 장점이 있지만, 그릴 수 있는 면적이 한정되어 있어 많은 정보를 담아낼 수 없다는 단점이 있습니다. 이런 단점을 보완한 것이 지리지입니다. 지리지는 어떤 지역을 자세하고 종합적으로 이해할 수 있도록 자연과 역사, 풍속, 인물 등의 지역 정보를 모아서 만든 책입니다. 지리지에는 보통 글과 지도를 함께 실었습니다.

🎒 축척

지도를 이해하려면 축척을 알아야 합니다. 드넓은 땅 전체를 실제와 똑같은 크기의 종이에 옮길 수는 없으니까요. 축척은 줄인다는 뜻의 축(縮) 자와 길이 단위인 '자'라는 뜻의 척(尺) 자가 합쳐진 말로, 실제 크기와 거리를 지도에 어느 정도로 작게 그려 넣었는지를 나타내는 비율을 말합니다.

그렇다면 과연 조선 시대에는 실제 거리를 어떻게 측정했을까요? 조선 초기에는 주로 발자국이나 막대기, 새끼줄 등을 이용해 거리를 재어, 실제 거리와 차이가 많았습니다. 그러다 세종대왕 때 일정 거리를 갈 때마다 종이 울리고 북소리가 나게 만든 수레인 '기리고차'가 발명되면서 널리 사용되었습니다.

🎒 기호

지도는 한정된 공간 위에 산과 들, 길, 건물 등 많은 정보를 담아내야 합니다. 때문에 실제의 모습을 단순하게 표현한 기호를 사용해서 많은 정보를 최대한 간단하고 정확하게 표시하지요. 기호는 지도를 알아보기 쉽게 만들어 주는 중요한 요소입니다.

지도 때문에 길을 잃다

"이상하군. 이쯤에 다리가 있다고 표시되어 있는데……."

강둑 옆에 서 있던 세로는 지도와 강변을 번갈아 바라보며 고개를 갸웃거렸어요. 돌쇠와 함께 충청도에 도착한 세로는 비변사에서 얻은 지도와 지리지를 들고 도로와 다리를 살펴보는 중이었지요. 하지만 어찌 된 일인지 지도에 나와 있는 다리가 보이지 않았어요.

"나리, 혹시 이번 장마에 떠내려간 게 아닐까유?"

"글쎄다. 주변에 인가도 안 보이니 어디 물어볼 곳도 없고…….

지도를 보면 다리 양쪽에 마을이 있다고 나와 있는데, 마을마저 보이지 않는구나. 우리가 길을 잘못 들어선 건가?"

세로와 돌쇠는 물이 잔뜩 불어난 강 앞에서 난감한 표정을 지었어요. 결국 두 사람은 정확한 지도를 얻기 위해 공주에 있는 충청감영을 찾아갔어요.

"비 피해 상황을 알아보기 위해 직접 내려오셨다고요?"

충청감영의 책임자인 충청도 관찰사는 세로가 내려온 목적을 듣고 당황한 듯 눈을 껌뻑거렸어요.

"그렇습니다. 충청도 지역은 어떻습니까? 심각합니까?"

"저희도 한창 알아보는 중입니다. 각 지역에 파발을 보내 피해 상황을 보고하라고 했지만 장계가 늦어지고 있어서……."

가까운 지역의 피해도 채 파악하지 못한 상황이니 한양으로 보내는 장계는 더 늦어질 수밖에 없었어요. 직접 가서 조사하는 게 더 빠를 것이라는 공조판서의 말이 맞았어요. 세로는 관찰사에게 정확한 충청도 지도를 찾아 달라고 부탁했어요. 관찰사는 감영 안에 있는 지도를 모아 세로에게 보여 주었지요.

"저희가 관할하는 군현들의 지도입니다. 나리가 갖고 계신 지도보다 상세하게 나와 있을 겁니다."

비변사에서 가져온 지도와 꼼꼼히 비교해 보던 세로는 깜짝 놀랐어요.

"같은 지역의 지도인데 이렇게 차이가 나다니!"

옆에서 슬쩍 보고 있던 돌쇠도 고개를 갸웃거릴 정도였어요.

"그렇네유. 완전히 다른 지도 같아유."

"이를 어쩐다……?"

"나리, 아무래도 충청감영의 지도가 더 정확하지 않을까유? 비변사에서 가져온 지도는 잘못된 부분이 많았잖아유."

세로는 밤을 새워 충청감영에 있는 각 군현 지도를 세세하게 베꼈어요. 다음 날, 새 지도를 바탕으로 강물에 휩쓸려 간 다리와 산사태로 유실된 도로 등을 직접 살펴보고 기록했어요.

이렇게 꼬박 반나절을 보낸 세로가 지도를 보며 말했어요.

"지도에는 산이 그리 높지 않고, 거리도 멀지 않다고 되어 있구나. 그러니 조금 서둘러서 산을 넘고 마을로 가서 숙식을 해결하자꾸나."

돌쇠가 고개를 들고 해가 머리 꼭대기에 있는 것을 확인하더니 고개를 끄덕였어요.

"예, 나리. 이 정도 거리면 해가 지기 전에 도착하겠네유."

지도에 표시되어 있는 산길로 열심히 올라간 두 사람은 산 정상에 도착했을 때만 해도 기분이 너무 좋았어요. 이 산만 내려가면 마을에 도착해 맛있는 저녁도 먹고 푹 쉴 수 있으니까요. 그런데 잠시 후, 눈앞에 펼쳐진 풍경을 본 두 사람은 입을 다물지 못했어요. 지도에는 분명 산 하나만 넘으면 마을이 있다고 나와 있는데, 마을은커녕 더 높은 산이 떡하니 서 있는 것 아니겠어요?

"우리가 길을 잘못 들어섰나? 지도대로라면 저기에는 평지와 마을이 있어야 하는데!"

세로는 지도를 꺼내 다시 살펴보았어요. 하지만 지도에는 눈앞에 있는 산이 표시되어 있지 않았어요.

"맙소사, 이를 어째유! 벌써 해가 뉘엿뉘엿 넘어가고 있어유!"

"큰일이구나. 잘못하면 산속에서 밤을 보내겠다. 서두르자!"

세로와 돌쇠는 부지런히 걸음을 옮겼어요. 하지만 산 하나를 넘었다 싶으면 또 산이 나오니 그야말로 첩첩산중이었지요. 그러다 마침내 컴컴한 어둠이 내려앉고 말았어요.

돌쇠는 퉁퉁 부은 다리를 주무르며 툴툴거렸어요.

"뭔 놈의 지도들이 이렇게 다 엉터리래유? 까딱 잘못하다가는 사람 잡겠네유. 이런 지도를 믿고 길 떠났다가는 저승길로 직행하

겠어유."

세로는 한숨을 푹 쉬며 생각했어요.

'가장 정확하다고 알려진 비변사의 지도도 그렇고, 가장 최근에 만들었다는 충청감영의 지도도 그렇고, 어느 하나 제대로 된 지도가 없으니……. 이런 지도는 있으나 마나 한 것 아닌가?'

이런 생각에 빠진 채 걸어가던 세로는 갑자기 뒤로 발라당 넘어졌어요. 돌쇠가 세로의 등을 홱 잡아챘거든요.

"어이쿠! 이 녀석, 뭐 하는 짓이냐?"

"제가 밤눈이 밝았기에 망정이지, 방금 큰일 날 뻔하셨구먼유! 이 앞은 낭떠러지여유!"

겨우 정신을 차린 세로가 앞쪽을 뚫어져라 보니 돌쇠 말대로 눈앞에 있던 땅이 사라져 있었어요. 까마득한 낭떠러지 아래에서 들려오는 물소리에 세로는 머리끝이 쭈뼛했지요.

"돌쇠야, 아무래도 안 되겠다. 오늘따라 달도 구름 뒤에 숨어 나오질 않으니 앞으로 더 나아가는 것은 무리다. 아침이 올 때까지 여기서 기다리자."

 세로와 돌쇠는 왔던 길을 조금 되돌아가 커다란 나무 아래에 자리를 잡았어요. 그리고 주변 나뭇가지들을 모아 모닥불을 피우기로 했어요. 비가 그치고 며칠 지나지 않아서인지, 나뭇가지들이 젖어서 불이 잘 붙지 않았지요. 한참 뒤, 겨우 불이 붙자 두 사람은 언 몸을 녹이려고 모닥불에 바짝 다가섰어요. 물론, 근처 수풀에서 들리는 소리 때문에 무서웠던 탓도 있었지요.

 "서, 설마 범이 나타나는 건 아니겠지유?"

 돌쇠가 작은 소리에도 움찔움찔 놀라며 물었어요. 세로도 속으로 엄청 무서웠지만, 등을 꼿꼿이 세우며 대답했어요.

 "'범에게 물려 가도 정신만 차리면 산다.'라는 말이 있지 않느냐. 범이 나타나도 불로 맞서면 될 것이다. 그러니 불씨가 꺼지지 않게 잘 살피거라."

 "예……."

 돌쇠는 몸을 더욱 움츠리며 모닥불을 지켜보았어요. 하지만 하루 종일 돌아다녔던 두 사람은 피곤이 몰려들어서 조금씩 눈꺼풀이 감기기 시작했지요. 동시에 피워 둔 모닥불도 막 꺼질 것처럼 사그라들기 시작했어요. 그때, 갑자기 어디선가 바람이 휙 불어오더니 남은 불씨를 꺼 버리고 말았어요.

"에구머니! 불이…… 응? 꽤애애애애애액!"

갑자기 돌쇠가 괴상한 소리를 내며 뒤로 기어가기 시작했어요. 그 소리에 잠에서 깬 세로도 눈앞에 있는 검은색 줄무늬 형체를 보고 일어나지도 못한 채 그 자리에 털썩 엎드렸어요.

"버, 버, 범이다!"

"버, 범님! 사…… 산신님! 살려 주십시오!"

세로는 범을 향해 싹싹 빌었어요. 범은 영험한 동물이자 산중의 왕이라더니, 그 말이 사실이었을까요? 범의 입에서 갑자기 사람 말이 튀어나왔어요.

"이보시게들! 진정 좀 하시오!"

하지만 뒤로 기어가던 돌쇠도, 엎드려 빌던 세로도 진정을 하기는커녕 등골만 더 오싹해졌어요.

"제발, 제발 목숨만은 살려 주십시오. 저는 임금님의 명을 받아 길을 떠나던……."

"임금님? 그럼 관리란 말이오? 아니, 그런 분이 이런 한밤중에 깊은 산골짜기에서 무엇을 하고 계신 것입니까? 마을에서는 도깨비불이 나타났다고 난리가 나서 올라와 봤더니, 모닥불을 보고 도깨비불이라 생각한 것이었구먼!"

그제야 세로는 천천히 고개를 들었어요. 짚신을 신은 발과 주름진 바지, 그리고 등불을 들고 있는 손이 보였어요. 40대쯤 되어 보이는 남자는 세로만큼이나 놀란 듯 눈에 두려움이 가득했어요.

"댁은 누구시오? 사, 사람 맞소이까?"

세로의 질문에 남자는 웃음기 하나 없는 표정으로 진지하게 고개를 끄덕였어요.

"사람 맞습니다. 저는 산 아랫마을의 이장인 최범석입니다. 놀라게 했다면 미안합니다."

최범석은 몸에 두르고 있던 범 가죽을 쓰다듬으며 말했어요.

"이건 제가 직접 잡은 범의 가죽입니다. 이 가죽옷을 입으면 산짐승들이 범 냄새를 맡고 겁을 먹어 멀리 도망갑니다. 이런 밤중에 산에 오르려니 저도 겁이 나서……."

범인 줄 알고 기절할 뻔한 세로와 돌쇠, 도깨비불인 줄 알고 잔뜩 겁을 먹은 이장 최범석, 이렇게 세 사람은 한참 동안 겸연쩍은 듯 서로 다른 곳만 쳐다보았어요.

돌쇠가 주섬주섬 짐을 챙기며 침묵을 깼어요.

"이장님, 앞장서세유."

"아아, 그렇지. 마을로 내려가시지요. 아니, 그쪽이 아니라 이쪽 인데……."

컴컴한 어둠 속이라 얼굴이 보일 리 없는데도 세로는 화끈 달아 오른 자기 얼굴을 누가 볼까 봐 갓을 푹 눌러썼어요.

무사히 산을 내려온 세로와 돌쇠는 이장의 집에서 하룻밤 신세를 지기로 했어요. 늦은 밤이었지만 이장은 밥을 새로 짓고 국도 끓여 가져왔어요. 두 사람은 눈 깜짝할 사이에 밥을 두 공기씩 싹싹 비웠답니다.

"휴……. 아까는 딱 죽을 것 같더니만, 이제야 살아 있는 것이 실감 나네유."

돌쇠는 볼록 튀어나온 배를 통통 두들기며 만족해했어요. 세로도 배가 부르니 여유가 생기는 것 같아 이장에게 물었어요.

"그런데 이장, 이 마을 이름이 무엇이오?"

"'옹이마을'이라 부릅니다. 옹기를 만드는 사람들이 많이 모여 살고 있지요."

해가 지기 전에 도착할 수 있을 거라 생각했던 지도 속 마을이 바로 옹이마을이었어요.

"거참, 지도에는 산 하나만 넘으면 나온다고 되어 있었는데……. 길까지 잘못 나와 있었군."

이장은 세로와 돌쇠가 왔던 길에 대해 듣더니 놀라며 말했어요.

"그 길로 오셨단 말입니까? 거기는 험하고 높은 산을 몇 개나 넘어야 해서 사람들 왕래가 거의 없는 길입니다. 인적이 드물어 산짐승들 천지인데, 아무 일 없이 내려오셨으니 천만다행입니다."

"그럼 이 옹이마을 사람들이 오고 가는 길은 어디에 있소?"

"마을 사람들은 보부상들이 찾아낸 편하고 빠른 길로 다닙니다. 얼마 전에 온 보부상도 지도를 보여 주면서 '여기는 물이 불어 다리가 떠내려갔으니 이쪽 말고 저쪽 길로 다니십시오. 그리고 산사태가 일어났으니 조금 돌아가더라도 안전한 다른 길을 이용하라고 마을 사람들에게 알려 주십시오.'라고 말하더군요. 여기저기 돌아다니면서 바뀌거나 달라진 길을 직접 표시해 보부상들끼리 서로

나눠 가지고 다니는 것 같았습니다."

세로는 무릎을 탁 쳤어요.

"그렇지! 내가 왜 그 생각을 못 했을까? 보부상만큼 조선의 도로 사정을 잘 아는 이들이 없을 텐데 말이야. 이장, 그 보부상이 어디 소속인지 아시오?"

"제가 알기론 동래에 있는 꽤 큰 상단이라고 들었습니다. 가서 옹이마을에서 옹기를 사다 파는 이 씨를 찾으시면 될 겁니다."

다음 날 아침, 세로와 돌쇠는 동래를 향해 출발했어요. 이번에는 이장이 준 정확한 지도를 가지고 간 덕분에, 끊긴 도로와 산사태로 무너진 곳을 피해서 무사히 동래에 도착했지요. 고향에 오자, 돌쇠는 신이 나 세로의 고향 집인 본가로 향했어요.

"돌쇠야, 어디 가는 것이냐?"

"이쪽으로 가야 나리의 본가가 나오지 않습니까?"

"지금은 본가에 들를 시간이 없다. 먼저 그 이 씨라는 옹기장수를 찾아야 한다."

세로가 먼저 성큼성큼 앞장서니 돌쇠는 아무 말도 할 수 없었어요. 두 사람은 지나가는 보부상들을 붙잡고 옹기장수 이 씨를 아느냐고 물었어요. 다행히 어렵지 않게 옹기장수가 속해 있는 상단을 알아낼 수 있었지요.

"저를 찾으셨다고요? 무슨 일이신지······."

옹기장수 이 씨는 영문을 모르겠다는 표정을 지었어요.

세로는 잘못된 지도 때문에 겪은 일들을 설명하며 도움을 받고 싶다고 말했어요. 그러자 옹기장수는 고개를 끄덕였어요.

"이해합니다. 저희 보부상들에게 지도는 목숨 줄이나 마찬가지입니다. 관아에서 얻은 지도만 믿고 길을 떠났다가 위험한 상황에 처한 적이 많았거든요. 그래서 살기 위해 직접 지도를 그려 함께 길을 걷는 사람들과 나누지요. 또 믿을 만한 곳에서 얻은 지도라 해도 완전히 믿지 않고 직접 가서 확인한 뒤 잘못된 곳을 표시해 모아 둔답니다."

"모아 둔다고?"

"네. 모아서 지도 장인한테 주지요. 지도 장인은 그걸 바탕으로 더 자세하고 정확한 지도를 만들고요."

그때 한쪽에서 시끌벅적한 소리가 들려왔어요. 주막 대문으로 막 들어선 초로의 사내를 보고 보부상들이 몰려들었기 때문이지요. 보부상들은 그 사내를 매우 반갑게 맞이했어요.

"하하하! 호랑이도 제 말하면 온다더니, 마침 저기 오는군요. 이 선비님은 운이 아주 좋으십니다. 일 년에 한 번 볼까 말까 한 사람

인데요."

"저 사람이 누구길래 보부상들이 저리 반가워하는 것이오?"

"아까 말씀 드린 그 지도 장인, 예원의입니다. 원래 저희와 같은 보부상이었는데 지도에 미쳐서 전국을 돌아다니며 지도를 그리고 있지요. 제가 가지고 있는 지도도 예원의가 만든 걸 베낀 것인데, 아마 이번에 만들어 온 지도는 더 새로울 것입니다."

옹기장수의 말대로, 다른 보부상들이 예원의에게 새로 만든 지도가 있느냐고 물어보았어요. 그러자 예원의는 손으로 짚고 있던 대나무 지팡이 안에서 종이 여러 장을 꺼내 보여 주었지요. 세로는 그 주도면밀함이 마음에 들었어요.

"여기 있네. 이번 지도는 전라도와 충청도, 경상도 지역을 돌아다니며 새로 생긴 도로와 마을을 표시한 거라네. 자네들이 살펴보고 평가를 좀 해 주게나."

보부상들은 예원의가 내민 지도를 보며 감탄했어요.

"오호, 한눈에 봐도 어느 산이 높고 낮은지 딱 알겠구먼. 이건 강

을 표시한 것인가?"

"이렇게 표시되어 있으니 길을 찾기가 훨씬 수월하겠어!"

보부상들의 반응을 관찰하던 세로도 그 지도가 너무 보고 싶어졌어요. 그래서 보부상들의 어깨 너머로 지도를 구경했지요. 군현 단위까지 나온 예원의의 지도는 한눈에 보아도 비변사의 지도보다 훨씬 세밀하고 뛰어나 보였어요. 세로는 흥분되는 마음을 주체하지 못하고 예원의를 칭찬했어요.

"내 비변사에 있는 웬만한 지도를 모두 보았지만, 이 지도만큼 자세하고 보기 쉬운 지도는 본 적이 없네. 어찌 비변사엔 이렇게 훌륭한 지도가 없는지 이상하군!"

갑자기 끼어든 세로의 말에 예원의의 얼굴이 굳어졌어요.

"비변사? 댁은 뉘시오?"

"이런, 내 소개가 늦었구려. 나는 임금님의 명을 받아 이번 비 피해 상황을 파악하러 내려온 공조의 관리 이세로일세. 제대로 된 지도가 없어서 생고생하던 중이었지. 자네가 만든 훌륭한 지도가 또 있다면 전하께 올려 큰 도움을 드려야 함이 마땅하네. 다른 지역의 지도도 있는가? 전국 지도도 있겠지?"

예원의는 입을 꽉 다문 채 대답하지 않았어요. 그래서 옹기장수 이 씨가 대신 대답했어요.

"이자가 만들고 있는 전국 지도를 본 적이 있는데 땅에 난 길뿐 아니라 뱃길도 표시되어 있고 각 마을의 역사와 인구, 군사 규모 정보도 담고 있었습니다. 제가 다녀 본 지역을 그 지도로 비교해 보니 마을과 마을 사이의 거리, 산의 높이까지 정확했습니다."

"군사 규모까지? 허! 그렇다면 전하께서 나라를 다스리시는데 큰 도움이 되겠군. 전하가 크게 기뻐하시겠어!"

옹기장수는 자신이 칭찬을 받은 것처럼 싱글벙글 웃었어요. 그리고 예원의를 툭 치며 말했어요.

"저번에 만났을 때, 그 지도가 이제 거의 완성 단계라고 하지 않았는가? 세로 나리께 한번 보여 드리게."

하지만 예원의는 인상을 팍 쓰며 대답했어요.

"완성은 무슨 완성! 자네가 보았다는 그 지도는 순 엉터리라 다 불태우고 다시 작업하는 중이야! 설령 완성되었다 해도 원본 지도 하나밖에 없어서 그걸 베끼는 데만 몇 달이 걸릴 터. 그러니 너무 큰 기대는 하지 마시라고 나리께 전하게!"

예원의의 차가운 반응에 주변 보부상들도 당황했어요. 하지만 세로는 물러설 수 없었어요.

"그렇다면 지금 작업 중이라는 지도만이라도 볼 수 없겠나? 전하께 아뢰어 내가 지도 만드는 것도 돕고, 완성되면 자네가 큰 상을 받게끔 힘써 보겠네."

그러나 예원의는 세로의 말을 무시하고 성큼성큼 상단으로 가 버렸어요.

"이보게 예원의! 이보게!"

우리나라는 언제부터 지도를 만들었을까?

 ## 삼국 시대부터 고려 시대까지의 지도

우리나라가 지도를 만들기 시작한 시기는 확실하지 않습니다. 현재까지 남아 있는 우리나라 지도 중 가장 오래된 지도는 1402년에 만들어진 우리나라 최초의 세계 지도, 〈혼일강리역대국도지도〉입니다.

지금까지 남아 전해 내려오는 것이 없을 뿐이지 우리나라는 삼국 시대부터 지도를 만들었을 것으로 여겨집니다. 우리 역사서인 《삼국사기》와 《삼국유사》, 중국의 여러 기록물을 통해 고구려, 백제, 신라가 국경을 맞대고 서로 싸우며 영토 전쟁을 벌일 때 세 나라 모두 지도를 만들고 지리지를 편찬하는 일에 많은 노력을 기울였다는 사실을 알 수 있습니다.

 ## 조선 전기의 지도

1392년에 건국된 조선은 수도를 개경에서 한양으로 옮겼습니다. 그리고 왕권 강화를 위해 나라 체제를 새롭게 정비했지요. 조선은 먼저 지방을 8개의 '도'로 나누고 각 지방에 관리를 파견하여 통치하는 '중앙 집권 체제'를 실시하였습니다. 중앙 집권 체제가 잘 실시되려면 수도인 한양에서 지방을 효율적으로 통치해야 하고, 이를 위해서는 한양의 통치 기관들이 전국의 지리 정보를 잘 아는 것이 중요했지요. 이러한 지리 정보를 체계적으로 정리한 것이 지도와 지리지였습니다. 그래서 조선 전기에는 지도와 지리지 제작을 국가적 사업으로 여기고 많은 노력을 기울였습니다.

조선 전기의 지도는 대부분 행정이나 군사적인 목적에 의해 만들어졌습니다. 1402년에 학자 이회가 만들었다고 여겨지는 조선 최초의 전국 지도 〈팔도도〉, 북동부 지방이 자세하게 나와 있어 조선 전기에 만들어진 지도 중 가장 정확한 지도로 평가 받는 〈조선방역지도〉 등이 이러한 목적으로 제작되었지요. 특히 세종대왕 때 측량 기구인 기리고차가 만들어지면서 과학적인 측량이 가능해졌고, 여기에 실제 답사가 더해지면서 더욱 정확한 지도를 만들 수 있었습니다. 이렇게 만들어진 조선 전기의 대표적인 지도는 1463년 정척과 양성지가 만든 〈동국지도〉입니다.

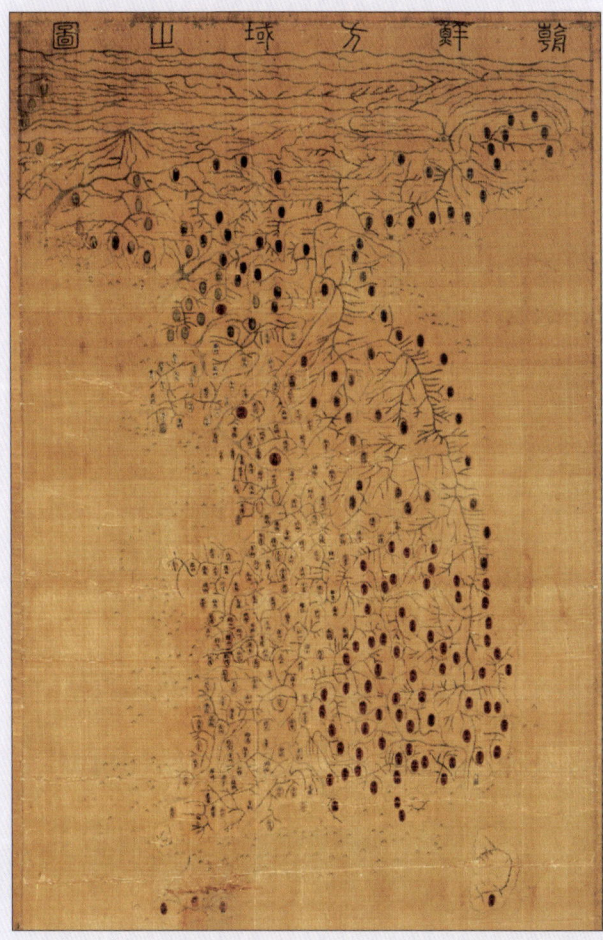

국보 제248호로 지정된 〈조선방역지도〉. 북쪽의 만주 지역과 남쪽의 대마도 지역까지 조선 땅으로 표시되어 있어, 조선 전기의 영토 의식을 알 수 있다.

당시에는 지도가 국가 기밀 문서였습니다. 때문에 중앙이나 지방 관청에 잘 보관해서 외적의 침략을 막거나 행정적으로 필요할 경우에만 허가를 받아서 볼 수 있었지요. 백성들은 원칙적으로 지도를 가질 수 없었고, 지도가 널리 보급될 수도 없었습니다.

조선 후기의 지도

1592년부터 1598년까지 일본이 조선을 침략한 임진왜란과 1636년 청나라가 조선을 침략한 병자호란은 조선의 지도 제작에 큰 변화를 가져왔습니다. 전쟁 후 국방의 중요성이 강조되면서 조선 후기 지도는 북쪽 국경인 압록강과 두만강의 수계(물과 육지의 경계)가 분명해졌고, 해안선에 대한 지식도 뚜렷해져 보다 정확한 지도가 등장하게 되었지요. 또한 농업 기술의 발달로 생산량이 늘어나면서 수공업과 상업이 발전해 보부상 같은 상인들이 늘어났고 지역 간의 교류가 더욱 활발해졌으며 민간에서도 지도 보급이 이루어지게 되었습니다.

조선 후기 지도의 발전은 실학과도 관련이 깊습니다. 특히 1708년에 만들어진 〈곤여만국전도〉는 당시 실학자들에게 중국 중심의 세계관에서 벗어나 서양 세계에 대한 정보를 알려주는 계기가 되었습니다.

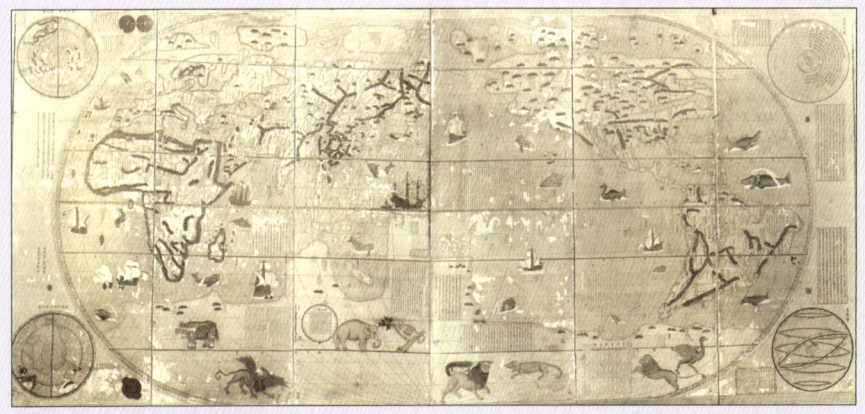

1708년 숙종의 명을 받아 1602년 이탈리아 선교사 마테오 리치가 만든 세계 지도를 모사한 〈곤여만국전도〉. 보물 제849호로 지정되어 있다.

실학이 들어오면서, 우리나라의 역사와 지리에 대한 연구가 활발하게 이루어지고 중국을 통해 서양식 지도가 전해지면서 지도 제작 기술은 한층 더 발전했습니다. 동시에 민간의 지도 소유가 늘어나면서 뛰어난 지리학자가 등장해 이전과는 차원이 다른 지도가 제작되었지요.

특히 정상기라는 학자가 우리나라 최초로 '백리척'이라는 과학적인 축척법을 사용해 〈동국지도〉를 만들면서 조선 영토의 모습이 지도에 정확하게 나타나기 시작했습니다. 우리가 잘 아는 김정호는 이 〈동국지도〉를 바탕으로, 당시 조선에 있는 각종 지도와 지리 정보를 모아 정확하고 편리한 조선 최고의 지도 〈대동여지도〉를 만들었지요.

이 밖에도 전국 각 고을의 정보를 상세하게 담은 군현도와 도별도, 국방의 중요성이 높아지면서 국경 쪽인 북방 지역과 바다 쪽 지역을 상세하게 그린 관방도 등 여러 목적에 맞는 지도가 활발하게 만들어졌습니다.

1706년에 만들어진 관방도, 〈요계관방지도〉의 일부. 관방도의 백미라 불리는 이 지도는 북방 지역의 구성이 굉장히 치밀하고 회화적으로도 그 가치가 높아 보물 제1542호로 지정되었다.

문경새재를 넘다

"너무 피곤하다면서 자리에 누워 버렸습니다."

지도 장인 예원의와 세로 사이를 왔다 갔다 하며 말을 전하던 옹기장수 이 씨가 무척 난감해했어요.

"진짜 피곤한 모양입니다. 세로 나리께서도 조금 시간을 주시지요. 예원의가 일어나면 제가 다시 이야기해 보겠습니다."

"알겠네. 그럼 나는 요 옆 주막에 가 있을 테니 예원의가 일어나면 기별 주게나."

세로는 풀 죽은 얼굴로 마당을 나와 주막으로 들어갔어요.

"어서 오세요, 나리. 자, 자! 이쪽 방으로 들어가세요."

애교 가득한 주모가 호들갑을 떨며 다가오자 돌쇠는 세로의 눈치를 보며 말했어요.

"여기 술상 거하게 차려서 내와 주세유."

"예, 예."

방 안에 자리를 잡은 세로는 팔짱을 낀 채 생각에 잠겼어요. 돌쇠는 주모가 가져온 술상을 받아 세로의 잔에 술을 따라 주었어요.

"나리, 이 술 한잔 쭉 들이켜세유. 동래에 도착하자마자 한시도 쉬지 못하셨잖아유."

세로는 단숨에 술잔을 비웠어요. 그러고 나서 감탄한 목소리로 말했어요.

"그 지도 장인이라는 자가 만든 지도 말이다, 우리처럼 지도에 문외한인 사람도 알기 쉽게 참 잘 만들지 않았더냐?"

"그렇더만유. 저도 이번 일로 지도를 처음 보게 되었는데 말이지유, 다른 지도들은 어려워서 잘 모르겠던데 예원의가 만든 지도는 알기 쉬웠구먼유. 그리고 아까 그자가 만든 지도에 제가 뛰어놀던 마을이 표시되어 있었는디, 주변에 있는 다른 마을들도 그렇고 길이라든가 지형이 정확했어유."

"바로 그거다! 비변사에 있는 지도의 장점들만 쏙쏙 뽑아서 만든 것 같단 말이지. 너도 이번에 깨달았겠지만, 지도는 축척이 정확해야 하는 것 아니겠느냐? 우리가 산속을 헤맨 것도 마을과 마을 사이의 축척이 잘못 표시되었기 때문이다."

"맞아유. 지도에는 십 리 거리라고 했는데 가 보면 수십 리고, 백 리라고 해서 가 보면 되레 몇 십 리밖에 안 되었잖아유."

"그런데, 예원의가 만든 지도는 축척이 아주 정확했다. 직접 그 지역을 돌아다니며 만든 결과물이겠지. 몇 장 보지 못했지만 떠올리면 떠올릴수록 탐이 나는 지도야……."

세로의 말에 돌쇠는 고개를 갸웃거렸어요.

"그런데유, 나리! 예원의가 불태웠다는 순 엉터리 지도 말이어유, 그게 참말일까유? 저는 그자가 거짓말을 하는 것 같아유."

세로는 아무런 대답도 할 수 없었어요. 세로도 예원의가 거짓을 말하는 것 같았지만 그 이유를 짐작하기 어려웠거든요. 임금님의 명을 받아 지도를 만드는 것은 예원의에게도 큰 영광일 텐데 이해가 되지 않았지요. 바로 그때였어요.

"나리, 이세로 나리. 안에 계십니까?"

돌쇠가 얼른 일어나 방문을 열었어요. 문밖에는 옹기장수 이 씨가 서 있었지요.

"예원의가 자리에서 일어났습니다. 이따가 저와 함께 술 한잔 하기로 했는데 세로 나리도 함께하시면 어떨까 하여 모시러 왔습니다."

세로는 반가운 마음에 방 안에서 후다닥 뛰어나왔어요.

"당연히 함께해야지. 이리 챙겨 주어 고맙네."

옹기장수를 따라 다른 주막에 도착해 보니, 예원의는 거나하게 차려진 상 앞에 앉아 있었어요. 예원의는 세로가 얼굴을 내밀자 또다시 인상을 썼지요. 그리고 말 한마디 하지 않고 꾸역꾸역 음식만 먹었어요.

어색한 분위기를 바꿔 보려는 듯 옹기장수가 조심스럽게 말문을 열었어요.

"제 고향은 본래 강원도입니다. 여기 있는 예원의와는 어릴 적 동네 친구였습니다."

"그런가? 그럼 함께 동래로 와서 보부상이 된 것인가?"

"그건 아닙니다. 저는 어릴 적에 외가가 있는 동래로 왔고, 예원의는 비슷한 시기에 가족을 모두 잃고 떠돌이 생활을 하다가 동래 상단으로 들어왔지요. 처음에는 서로를 못 알아보았으나 이름을 듣고 어릴 적 친구라는 걸 기억해 냈습니다."

두 아이의 아버지가 된 지 얼마 되지 않았던 세로는 가슴이 먹먹해지며 예원의의 사연이 궁금해졌어요.

"어릴 적에 가족을 모두 잃었다고? 어찌하여?"

예원의에게 물은 말이었지만 이번에도 옹기장수 이 씨가 대신 대답을 했어요.

"예원의는 홀아버지 밑에서 형과 함께 살았는데, 잘못된 지도 때문에 두 사람이 한날한시에……."

"어허, 이보게! 음식이 식지 않는가? 어여 들게!"

예원의는 옹기장수 이 씨의 말을 단박에 끊고는 또다시 묵묵히 식사를 했어요. 세로는 지도에 대한 예원의의 애착이 어떻게 시작되었는지 깨닫고 고개를 끄덕였어요.

"자세한 사정은 모르겠지만 그대의 지도가 어찌하여 그렇게 완벽한지 조금은 이해가 되네. 나는 전하께 아뢰어 자네가 지금 작업하고 있다는 전국 지도를 함께 완성하고 싶네. 그렇게 완성한 지도를 전하께 바친다면, 분명 나라의 귀한 보물이 되어 외적으로부터 조선을 지키는데 요긴하게 사용될 것이네. 그건 자네에게도 큰 영광이 되지 않겠는가? 신분도 달라질 수 있네."

세로의 말이 끝나자마자 예원의는 손에 쥐고 있던 젓가락을 탁 내려놓았어요. 그리고 심기가 불편한 듯 입을 열었어요.

"나리가 그리 말씀하시니 저도 말을 올립니다만, 순 엉터리라 지도를 불태웠다는 말은 새빨간 거짓말입니다. 이제 얼추 팔 할 정도 완성된 상태입니다."

예원의의 고백에 세로는 기분 나빠하기는커녕 기뻐했어요.

"팔 할이나? 그렇다면 더욱더 보고 싶어지는군. 지금 그 지도를 가지고 있는가?"

그러자 예원의는 정색을 하며 대답했어요.

"하지만! 나리께 그 지도를 보여 드릴 생각은 추호도 없습니다.

제가 생각하는 지도의 쓰임새와 나리가 생각하시는 지도의 쓰임새가 다르기 때문입니다!"

"지도의 쓰임새가 다르다니?"

뜻밖의 대답에 세로는 어리둥절한 표정을 지었어요.

"나리께서는 계속 나라를 다스리기 위해 제 지도가 필요하다고 하셨습니다. 그 말은 즉, 비변사에 지도를 바쳐 군사적 목적으로 사용해야 한다고 생각하신 것이겠지요. 하나 여쭙겠습니다. 비변사의 지도를 일반 백성들이 쉽게 볼 수 있습니까, 없습니까?"

"국가의 중요한 기밀이니 당연히 일반 백성이 접할 수는 없네. 청이나 왜에 넘어가기라도 한다면 큰일이니까 말일세."

"바로 그 점 때문입니다! 저는 나라를 다스리기 위해서만 지도가 필요하다고 생각하지 않습니다."

예원의는 눈을 크게 뜨고 말을 이어 갔어요.

"지도는 나라의 것이기에 앞서 백성의 것이어야 합니다. 또한 좋은 길이란, 군사적 목적 이전에 백성들이 편하게 왕래할 수 있고 물자의 이동도 쉽게 이루어지는 길을 뜻한다고 생각합니다. 좋은 길이 많이 만들어지고 백성들이 그 길을 쉽게 파악할 수 있도록 지도를 만들어 나누어 주는 것, 저는 이것이 좋은 길과 좋은 지도의 쓰임이라고 생각합니다. 어떻습니까? 이세로 나리도 저와 같은 생각이십니까?"

예원의의 질문에 세로는 뒤통수를 한 방 맞은 듯 멍해졌어요. 조선 백성들은 세금과 통치 문제 때문에 다른 지역으로 이사하기가 쉽지 않았어요. 그래서 세로는 보부상 같은 사람들을 제외하고는 지도에 관심을 둘 이유가 없다고 생각했지요. 그런데 지금 예원의의 말은 길과 지도에 대한 세로의 생각을 통째로 뒤엎어 버리는 것이었어요. 세로가 대답을 못 하자 예원의는 그럴 줄 알았다는 듯 씁쓸한 미소를 지으며 입을 열었어요.

"제 아비와 형은 삼베 짜는 일을 했습니다. 그러던 어느 겨울, 눈으로 길이 막혀 평소 삼베를 사러 오던 등짐장수가 오지 못했지요. 잘못하면 굶어 죽을지도 모른다는 생각에, 아버지는 직접 먼 곳으로 가 삼베를 팔기로 했습니다. 마을 밖으로 한 번도 나가 본 적 없던 아버지는 군현 관리에게 뒷돈을 주고 감영에 보관되어 있던 지도를 베꼈습니다. 그런데, 형과 아버지가 그 지도를 보고 산을 넘다가 얼어 죽고 말았지요. 지도가 잘못되어 있었기 때문입니다. 나중에 알고 보니, 관리가 일부러 잘못된 지도를 내주었더군요. 혹시 발각 되더라도 벌을 면하려고 말입니다."

군현의 감영이나 비변사에서 보관하고 있는 지도를 일반 백성이 얻기란 하늘의 별 따기 만큼 어려웠어요. 그뿐 아니라 허가도 없이 손에 넣는다면 큰 벌을 받아야 했지요. 그만큼 지도는 나라에서 귀중하게 여기는 문서였어요.

"어떠십니까? 나라의 법도가 그러한데, 제가 지도를 만들어 백성들에게 나누어 주려는 것을 나리께서는 용인하실 수 있겠습니까? 전하께서는요? 문무백관들은요?"

그날 저녁, 예원의와 헤어진 세로는 밤새 잠을 이루지 못하고 뒤척였어요.

'백성들을 위한 길과 백성들을 위한 지도라……. 그래도 되는 것일까? 만일 첩자들이 그 지도를 손에 넣는다면? 외적이 쳐들어와서 그 지도를 보고 곧장 한양으로 향한다면? 하! 백성의 풍요로움이 먼저인가, 나라의 안위가 먼저인가……. 정말 어렵고도 복잡한 문제로구나.'

다음 날, 해가 채 뜨기도 전에 세로는 의복을 모두 갖춰 입고 예원의를 만나기 위해 상단으로 갔어요. 그런데 예원의의 방은 비어 있었어요. 세로는 급히 옹기장수 이 씨에게 물었어요.

"예원의는 지금 어디 있는가?"

"이런, 방금 배웅하고 오는 길입니다. 문경새재 쪽으로 간다고 하던데…… 앗, 나리! 어디 가십니까?"

"예원의 그 사람을 꼭 만나야 하네! 고마웠네. 이 은혜는 다음에 꼭 갚겠네!"

세로는 예원의를 따라잡기 위해, 과거를 보러 한양으로 갈 때 이용했던 영남대로의 초입으로 뛰어갔어요.

'예원의의 지도가 있어야 전하께서 직접 하명하신 비 피해 보고서를 완벽하게 작성할 수 있어. 전하께서 비 피해 상황을 알고자 하신 건 분명 백성을 아끼시는 마음 때문이야. 그러니 백성을 위해 지도를 만드는 예원의의 마음과 다를 바 없지 않은가!'

밤새 고민해도 결론이 나지 않아 복잡했던 세로의 머릿속이 아침 해처럼 밝아졌어요.

며칠 뒤, 경상도에서 한양으로 넘어가는 고갯길인 문경새재 부근에서 예원의를 만날 수 있었어요. 먼저 떠난 예원의를 따라잡기 위해 쉬지도 못하고 걸어온 세로와 돌쇠의 몰골은 거지처럼 꼬질꼬질했어요. 예원의는 놀란 토끼 눈을 하고 바라보았어요.

"아니, 두 분이 여긴 어떻게……."

세로는 안도의 한숨을 쉰 뒤 허리를 꼿꼿이 세우며 예원의를 똑바로 보고 다짐하듯 말했어요.

"예원의, 내 전하께 자네의 생각을 고스란히 전하여 백성들에게도 이로운 지도가 되도록 할 터이니 함께 지도를 만들 수 있도록 허락해 주게나!"

이번에는 예원의가 뒤통수를 맞은 듯 말을 잇지 못했어요. 그러더니 대답은 하지 않고 그저 묵묵히 가던 길을 재촉하기만 했어요. 예원의의 의중도 모른 채, 세로와 돌쇠는 재빨리 뒤를 졸졸 쫓아갔어요.

"세로 나리! 예원의가 허락을 한다는 뜻일까유, 안 한다는 뜻일까유?"

"글쎄, 나도 통 모르겠구나."

그렇게 세 사람은 반나절을 함께 걸었어요. 어스름한 어둠이 내려앉기 시작하자, 가까이에 주막이 보였지요. 예원의는 아무 말 없이 뒤돌아 세로와 돌쇠 쪽을 보고는 주막으로 쑥 들어갔어요. 세로와 돌쇠도 따라 들어갔지요. 주막 안에서 시끌벅적한 사람들 소리가 들려왔어요.

"어이, 거기 세 사람도 문경새재를 넘어 한양으로 가려 하오?"

세로와 돌쇠는 예원의가 어디로 가는지 알지 못해서 머뭇거렸어요. 그러자 예원의가 대신 대답했어요.

"그렇소이다. 내일 아침 가장 먼저 출발하는 선발대에 우리도 포함시켜 주시오."

영남대로는 사람들의 발길이 끊이지 않는 큰길이었고, 그중 문경새재는 특히 더 번화한 길이었어요. 하지만 숲이 울창해 낮에도 호랑이나 맹수들이 나오고 험한 벼랑길인 '토끼비리'가 있으며, 도둑들의 습격 역시 빈번했지요. 그래서 이 주막에서 숙박을 한 뒤,

아침 일찍 여러 사람이 함께 넘어야 안전했어요.

주모가 안내해 준 방으로 들어간 세로는 먼 길을 떠나는 나그네, 과거 시험을 보러 가는 유생, 임금님에게 억울함을 상소하러 가는 양반, 팔도강산을 유람하는 선비 등 다양한 사람들을 만날 수 있었어요. 물론 가장 많이 만난 사람들은 보부상이었지요.

"밤도 긴데, 우리 골패 놀이나 한판 할까나?"

"이 사람이! 또 또 시작이네. 매번 노름으로 돈을 잃으면서 언제 장가 들려고 그러는가? 나이를 그렇게 먹고도 여태 떠꺼머리를 하고 있으니 철도 덜 들었나 보구먼! 하하하!"

보부상들이 놀리자 땋은 머리를 길게 늘어뜨린 노총각이 얼굴을 붉히며 화를 냈어요.

"아니, 심심해서 노름 한판 하자는데 왜 장가 이야기를 꺼내고 난리들인가, 엉?"

"어허! 아직 장가도 못 간 어린 놈이 상투 튼 어른한테 반말을 하네! 혼 좀 나 볼 텐가?"

"하하하하하!"

보부상들의 놀림에 마음이 상한 떠꺼머리총각이 홀로 타령을 읊조리기 시작했어요. 세로는 총각의 나이가 자신과 비슷해 보여서 더욱 마음이 쓰여 술 한잔을 권했지요. 그러다가 떠꺼머리총각의 이름이 김재윤이고 종이를 파는 지물상이라는 것을 알게 되었어요.

"제 아버지가 4대를 이어 온 한지 장인입니다. 경상도에서 '김가네 한지' 하면 양반네들이 서로 사려고 사족을 못 쓰지요. 한지 만들기가 얼마나 까다로운지 아시지요? 질 좋은 닥나무를 찾아내 껍질을 벗겨 삶고, 씻어서 또 삶고, 말리고……. 두드리기는 또 얼마나 두드려야 하는지! 그런데 아버지가 이렇게 잠도 못 자고 들이는 노력에 비해 한지 값은 터무니없이 쌉니다. 그래서 제가 제값을 받으려 지물상이 되었는데, 이번 비 때문에 전라도나 충청도로 가는 길이 막혀서 하는 수 없이 한양으로 가던 길입니다. 홍수로 망가진 길이 얼른 복구되어야 할 텐데……."

그때, 방 한구석에서 두 사람의 대화를 듣고 있던 예원의가 불쑥 끼어들었어요.

"자네 종이 좀 볼 수 있겠나?"

"물론! 보고 놀라지나 마시오. 처음 보는 상품일 테니."

김재윤은 큰소리를 치며 함지를 열었어요. 김재윤이 꺼낸 종이는 세로도 몇 번 본 적 없는 질 좋은 종이였지요. 예원의는 보는 것만으로는 부족한지 손으로 만지작거리며 꼼꼼히 살폈어요.

"흠, 자네 말대로 훌륭한 종이로군……."

"내 말하지 않았소? 아버지가 4대를 잇는 한지 장인이라고."

예원의는 고개를 끄덕이며 다시 김재윤에게 종이를 건넸어요.

"나도 좋은 종이를 많이 봤다고 자부하는데, 이 정도 물건이면 상품 중의 상품이네. 원래 가격보다 네 배를 불러도 종로 쪽 지물상들이 좋다고 할 테니 가격 잘 받아 내게나."

"으잉? 네 배나? 나는 짐짓 두 배 쳐서 받으면 잘 받는 거겠거니 했는데……. 좋은 정보 고맙소. 잘하면 순심이를 아내로 맞이할 밑천이 생기겠…… 아, 내가 무슨 말을. 하하하!"

김재윤이 얼굴을 붉히자 세로도 웃음을 터뜨렸어요.

다음 날 새벽, 문경새재를 가장 먼저 넘기로 한 선발대가 주막 앞에 모였어요.

"하나, 둘…… 모두 열네 명이로구먼. 자, 이제 출발하세."

드디어 문경새재로 들어선 세로 일행은 점심나절이 되어서야 까마득한 벼랑길인 토끼비리를 넘게 되었어요. 토끼비리가 얼마나 험한지 숨이 꼴딱꼴딱 넘어갈 정도였어요.

"헉헉……. 다들 힘냅시다. 이 '꿀떡고개' 꼭대기에 오르면 주막이 있고, 그다음엔 내리막길이니 한 명도 뒤처지지 않도록 서로 잘 보살펴 줍시다."

선두로 가던 나이 지긋한 보부상이 이렇게 말하자 다들 끙 소리를 내며 마지막 힘을 내었어요. 그때, 문경새재를 처음 넘는 유생이 질문을 했어요.

"여긴 '돌고개' 아닙니까? 왜 여기를 꿀떡고개라고 합니까? 숨이 꼴딱꼴딱 넘어갈 만큼 길이 험하니 '꼴딱고개'라고 해야 하는 것 아닙니까?"

유생의 말에 몇몇 사람들이 기침을 하며 웃어 댔어요.

"과거 시험을 보러 가는 유생께서 꿀떡고개를 모르시다니!"

"이 꿀떡고개 꼭대기에 있는 주막에서 꿀떡을 파는데, 과거를 보러 가는 사람들은 꼭 주막에 들러 그 꿀떡을 먹고 과거에 급제하길 기원하지요. 그래서 돌고개를 꿀떡고개라고도 부릅니다."

설명을 들은 유생이 처음으로 환히 웃으며 말했어요.

"그렇습니까? 이야, 꼭 들러야겠군요!"

영원히 끝나지 않을 것 같던 고갯길을 다 오르니, 드디어 꼭대기에 주막 여러 채가 나타났어요. 유생들뿐 아니라 어깨에 무거운 짐을 진 보부상들도 이 주막을 그냥 지나치지 않았어요. 이곳에서 휴식을 취해야 남은 길을 갈 수 있기 때문이지요.

'돌고개 주막'의 주모는 지쳐 있는 손님들 사이를 분주하게 다니며 술과 음식을 내놓고 걸쭉한 입담으로 사람들을 즐겁게 해 주었어요. 주모는 한번 본 손님은 잊지 않는다며 찾아온 손님들에게 일일이 아는 체를 했어요.

"허허, 가야댁은 여전하구먼!"

팔도강산을 유람 중이라는 비단장수가 가야댁을 보며 조용히 중얼거렸어요. 가야댁의 활기찬 몸짓과 넉넉한 표정, 듣는 이를 웃게 만드는 넉살은 힘든 고갯길을 오르는 사람들에게 큰 힘이 되어 주었어요. 그뿐만이 아니었어요. 다른 사람들의 대화를 들으니, 대장부 기질도 있어서 몇 년 전 여름 홍수 때 길이 막혀 오가지 못하는 사람들의 밥값을 받지 않았대요.

"저도 몇 날 며칠을 그렇게 얻어먹었지요. 이유를 물으니, 자신이 옛 가야의 왕족 출신이라 이 정도는 거뜬하다고 하지 뭡니까? 그래서 사람들이 자신을 가야댁이라 부른다고 하는데, 어찌나 우아하고 기품 있게 말을 하던지 깜빡 속아 넘어갈 뻔했지요."

이 말을 또 어떻게 들었는지 가야댁이 불쑥 다가와 말했어요.

"비단장수 최 씨! 이제는 그때 얻어먹은 밥값을 낼 만한 돈이 충분하지 않수? 4박 5일을 있었으니 전부 합해서 40전. 6년 전이니 이자까지 쳐서 73전 내놓으시오."

가야댁 말에 비단장수는 깜짝 놀라며 말을 더듬었어요.

"아니, 그걸 어떻게……. 그런데 6년 만에 금액이 그렇게 불어나다니! 이자가 대체 얼마요?"

"월 복리로 1할이니 이렇게 싼 이자가 어디 있습니까? 안 그렇습니까, 손님들? 호호호."

셈이 빠른 보부상들도 가야댁의 계산 능력을 따라가기 어려운지 한참 머리를 굴렸어요.

"정말이군! 정확하게 73전 맞소이다. 최 씨, 얼른 외상값 갚으시오. 상인이 그래서야 쓰오?"

다른 보부상들이 가야댁 편을 들자 비단장수는 두 손을 모아 싹싹 비는 시늉을 했어요.

"우리 똑똑한 가야댁! 조금만 봐주시오! 내가 가야댁 칭찬을 얼마나 하고 다니는데!"

"호호호, 알았수. 다음에 넉넉할 때 꼭 갚으시오. 이번 비 때문에 삼남 지방 피해가 크다 하니, 내가 좀 더 싸게 대접해야지. 길이 빗물에 휩쓸려서 손님들이 다른 길로 가면 어쩌나 걱정했는데, 그래도 이 돌고개를 거쳐 주니 고마운 마음에서라도 봐주리다. 상인들께서 이 길을 꼭꼭 밟아 어서어서 쉽고 편한 길을 만들어 주시오! 자, 그런 의미에서 내 술 한잔 받으시오!"

세로는 예원의가 했던 말이 이제야 이해되었어요. 좋은 길과 지도는 나라와 백성 모두를 위한 것이어야 했어요. 지물상 김재윤도,

돌고개 주막의 가야댁도 더 편하고 쉬운 길을 바라고 있었으니까요. 그 길이 그려진 예원의의 지도는 큰 도움이 될 것이 분명했어요.

큰 깨달음을 얻은 세로가 예원의에게 말했어요.

"자네 말처럼, 나는 훌륭한 지도가 국방의 근간이라 여기고 있네. 하지만 그것은 나라의 통치를 우선하려는 게 아니라 백성들의 안전과 평화를 우선하기 때문이라네. 그런 점에서 자네와 나, 그리고 전하의 생각이 같은 것이지. 그러니 자네의 지도로 먼저 삼남 지방의 비 피해를 파악하고, 그다음에 백성들을 위한 지도를 함께 완

성해 나가고 싶네. 내가 도울 수 있게 해 주겠는가?"

세로의 진심이 전해졌는지, 마침내 예원의가 고개를 끄덕였어요. 그리고 대나무 지팡이 안에서 새로 생겨난 길과 마을을 표시한 최근 지도 여러 장을 꺼내 세로에게 보여 주었지요. 또, 예원의가 도입한 새 축척법을 사용해 여러 정보를 그려 넣은 지리지도 있었어요. 세로는 뛸 듯이 기뻐하며 예원의의 손을 덥석 잡았어요.

"이렇게 훌륭한 지도와 지리지라면 생각보다 빠른 시일 내에 보고서를 완성할 수 있을 것 같네. 정말 고맙네, 고마워!"

"아닙니다. 제 생각을 불경하다 여기지 않고 받아들여 주시다니…… 솔직히 놀랐습니다."

세로와 예원의는 신분과 나이를 뛰어넘어 마음을 나눈 친구가 되었어요. 그리고 각자 전라도와 경상도를 돌아다니며 비 피해 상황을 파악해 나갔지요. 두 사람이 따로, 같은 일을 한 덕에 삼남 지방의 비 피해 상황을 파악하는 데 두 달이 채 걸리지 않았어요. 예원의의 넓은 보부상단 인맥과 각 마을 이장들과의 친분 덕분에 훨씬 더 자세한 보고서가 완성되었지요.

세로는 임금님에게 보고서를 올리기 위해 돌쇠를 먼저 한양으로 보냈어요.

"휴…… 예원의, 자네 덕분에 두 달 만에 집으로 돌아갈 수 있게 되었네. 자네가 아니었다면 갓 태어난 딸 세온이를 백일이 넘도록 못 볼 뻔했지 뭔가. 자, 이제 약조한 것이 남았네. 자네의 지도를 완성하는 데 무엇이 필요한가? 내가 전하께 청하여 힘닿는 데까지 돕겠네."

그러자 예원의는 눈을 반짝이며 말했어요.

"규장각과 비변사의 깊은 서고에 비밀스럽게 감춰져 있는 지도와 지리지를 모두 보고 싶습니다. 특히 제가 함부로 접근할 수 없었던 조선 끝자락에 있는 국경 지역의 군현도를 꼭 보고 싶습니다. 분명 제가 그리고 있는 지도를 완성하는 데 큰 도움이 될 것입니다."

세로는 예원의의 손을 꼭 마주 잡고 고개를 끄덕였어요.

조선 시대 최고의 지도 장인은 누구일까?

 우리나라 최초로 '축척'을 적용한 지도인 〈동국지도〉를 만든 정상기

"가장 정확하고 자세한 지도를 만들 것이다.
내가 만든 지도에 부족한 점이 있다면,
후손들이 보완하고 발전시켜 주기를 바란다."

정상기는 몸이 병약하여 관직에 나가지 않고 평생을 학문 연구에 바친 조선 후기의 실학자이자 지리학자입니다. 정치와 경제, 군사, 산업 등 다양한 방면의 학문을 실용적인 눈으로 접근하고 연구한 학자였지요.

정상기는 기존의 지도와 지리지들을 분석하고 연구하면서, 거리나 방위가 정확하지 않아 지도와 지리지가 제 역할을 하지 못하는 것을 안타깝게 여겼습니다. 그래서 정확하고 실용적인 지도를 만들고자 했지요. 그러한 의지를 담은 것이 바로 조선의 지도 제작 역사에 한 획을 그은 〈동국지도〉입니다.

〈동국지도〉의 서문에는 "우리나라 지도로 세상에 나온 것이 헤아릴 수 없이 많다. 그러나 산천과 거리가 모두 바르지 못하다. 수백 리나 되는 먼 곳이 10리쯤 되는 가까운 곳으로 묘사돼 있고 동서남북이 바뀌어 있기도 하다. 그 지도를 보고 어디로든 여행을 가려 한다면, 의지할 것 없이 어두운 밤길을 걷는 것과 같다."라고 쓰여 있습니다. 이는 정상기가 어떤 마음으로 〈동국지도〉를 만들었는지 알 수 있게 해 주지요. 여기서 '동국'은 우리나라를 일컫는 말입니다.

〈동국지도〉는 총 9폭의 지도가 모여 있는 지도첩입니다. 맨 앞 1첩은 전국 지도, 나머지 8첩은 각 도별 지도로 구성되어 있습니다.

〈동국지도〉가 특별한 이유는 우리나라 최초로 모든 지역에 축척법을 적용해서 만든 지도라는 데 있습니다. 정상기는 100리를 1척 길이의 막대 모양으로 줄여 표현한 '백리척'이라는 과학적인 축척법을 지도에 적용하여, 지역과 지역 간의 거리를 실제에 가깝게 계산할 수 있도록 했지요. 덕분에 이전에는 없던 정확한 지도가 탄생했고, 조선의 지도 제작 수준이 한 단계 높아졌으며 조선 후기 지도가 발달하는 데에도 크게 공헌하였습니다.

첨단 과학 기술로 제작한 오늘날의 한반도 지도와 비교해 보면 〈동국지도〉가 얼마나 과학적이고 정확한 지도인지 더 잘 알게 됩니다. 두 지도에 나와 있는 한반도 모습이 거의 차이가 없을 정도로 비슷하기 때문이지요.

〈동국지도〉의 필사본 표지.

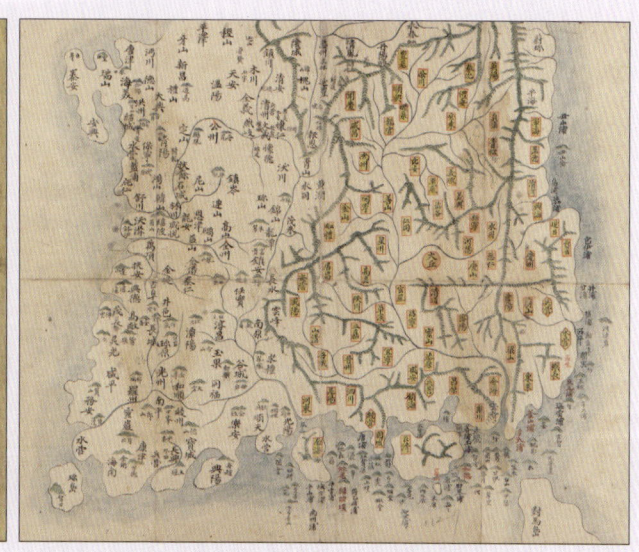
〈동국지도〉 필사본에 실려 있는 경상도 지역 도별도.

정상기의 아들인 정항령, 손자 정원림, 증손자 정수영 등도 뛰어난 지도 학자가 되었습니다. 정상기가 만든 〈동국지도〉를 계속 수정하고 보완하며 힘을 쏟은 결과, 마침내 4대에 걸친 조선 최고의 지도 명문가를 이루었지요.

다른 많은 학자들도 지도를 만들 때 정상기가 만든 〈동국지도〉를 참고했습니다. 김정호가 만든 조선 최고의 지도인 〈대동여지도〉는 김정호가 만든 〈청구도〉를 보완하고 발전시킨 것인데, 이 〈청구도〉가 바로 정상기의 〈동국지도〉를 수정, 보완한 지도입니다. 즉 〈대동여지도〉의 뿌리를 찾아 올라가면 정상기의 〈동국지도〉로 이어지는 것이지요.

현존하는 조선 최고의 지도인 〈대동여지도〉를 만든 김정호

"정확하고, 누구나 쉽고 편리하게 이용할 수 있는 가장 완벽한 지도를 만들고 싶다."

'고산자'라는 호를 가진 인물로도 잘 알려져 있는 김정호는 현존하는 조선 최고의 지도인 〈대동여지도〉를 만든 학자이자, 조선 시대에 가장 많은 지도를 제작하고 가장 많은 지리지를 편찬해 우리나라 역사상 가장 뛰어난 지리학자로 평가 받는 인물입니다. 〈청구도〉와 〈동여도〉, 〈대동여지도〉와 같은 지도뿐 아니라 〈동여도지〉〈여도비지〉〈대동지지〉와 같은 지리지도 여러 권 만들었지요.

김정호가 만든 지도와 지리지를 보면, 그가 지도와 지리지를 함께 보아야 정확하고 많은 지리 정보를 얻을 수 있다고 생각했다는 것을 짐작할 수 있습니다. 실제로 김정호는 기존 지도와 여러 지역 정보를 널리 수집한 뒤, 이를 편집하고 재구성하여 19세기 조선의 지리 정보를 집대성한 과학적이고 실용적인 지도를 만들었습니다.

김정호는 뛰어난 지도 제작자인 동시에 뛰어난 판각 기술자였습니다. 지도를 따라 그릴 때 발생하는 오류를 줄이고 더 널리, 더 많이 보급하기 위해 목판에 지도를 새겨 종이에 찍는 방법으로 지도를 제작하였지요. 더불어 새롭게 고안한 기호 체계인 '지도표'를 활용해 누구나 쉽고 편리하게 지도를 이용할 수 있도록 만들었습니다.

김정호가 언제 태어나서 언제까지 살았는지, 어떤 신분이었는지, 어떤 생활을 했는지에 대해 확실히 나온 문헌 근거는 없지만, 남아 있는 지도와 지리지를 통해 김정호가 서양 지도학의 영향을 받지 않고 독자적으로 우리나라 전통 지도학을 집대성하였으며 평생을 지리 연구와 지도 제작에 바친 훌륭한 학자임을 알 수 있습니다.

김정호가 1861년에 제작한 〈대동여지도〉의 표제 목판(위)과 함경도 장백산 지역을 판각한 목판(아래). 보물 제1581호로 지정되어 있다.

첩자로 몰린 예원의

세로는 극구 사양하는 예원의의 팔을 끌어당기며 자신의 집 앞까지 데려왔어요.

"세로 나리, 제가 지낼 곳 정도는 있습니다. 한양에 아는 이도 몇 있고요. 저같이 미천한 신분의 사람을 집에 들이시면 괜한 소문에 휩싸이십니다."

"아니, 내 집에 내가, 내 손님을 모신다고 하는데 누가 뭐라 한단 말이오? 그렇게 생각한다면 무척 섭섭하오. 나는 그대에게 내 식구들을 소개해 주고 싶소. 자, 자! 어서 들어갑시다."

세로가 예원의의 등을 떠밀며 대문 안으로 들어가자 아내 진서가 딸 세온이를 안고 아들 성원이와 함께 서 있었어요. 세로는 뒷짐을 지고 허리를 굽혀 성원이와 시선을 맞추었어요.

"이성원, 잘 있었느냐?"

"다녀오셨습니까, 아버지."

"오냐, 오냐. 못 본 사이에 많이 컸구나!"

세로는 성원이를 번쩍 안아 들고 볼에 쪽 뽀뽀를 했어요. 그리고 잠들어 있는 세온이의 얼굴을 들여다본 뒤, 진서와 미소를 주고받았지요. 그때, 성원이가 물었어요.

"아버지, 이 할아버지는 누구신가요?"

"이분은 조선 최고의 지도 장인이시다."

세로는 성원이를 품에서 내려놓으며 말을 이었어요.

"예, 원 자, 의 자를 쓰시는 분이지. 이분의 함자를 절대 잊지 말거라. 알았느냐? 자, 어서 인사 올리거라."

성원이는 두 손을 가지런히 모으고 고개를 깊숙이 숙여 인사했어요.

"안녕하세요, 저는 이성원이라 하옵니다."

성원이의 공손한 인사에 예원의도 허리를 굽히며 어쩔 줄 몰라 했어요.

"아니, 귀하신 양반 도련님께서 저에게 이런 인사를 하시면……."

"괜찮소. 아니, 괜찮습니다, 어르신."

하오체를 쓰던 세로가 예원의를 향해 깍듯하게 높임말을 쓰기 시작했어요. 예원의는 더욱 놀라 입을 벌린 채 눈만 껌뻑거렸지요. 세로는 아내 진서에게 말했어요.

"부인, 귀한 손님이 오셨으니 계실 동안 편안히 지내실 수 있도록 각별히 신경 써 주시오."

진서는 고개를 끄덕이며 예원의에게 말했어요.

"집이 누추하여 송구스럽습니다. 많이 피곤하시지요? 방에서 쉬고 계시면 씻을 물과 요깃거리를 올리겠습니다."

진서마저 중인 신분인 자신을 극진하게 대하니, 예원의는 더욱

몸 둘 바를 몰랐어요. 세로는 흐뭇한 미소를 지으며 예원의를 손님 방으로 데려갔어요.

"나리, 왜 이러십니까."

예원의의 말에 세로가 고개를 가로저었어요.

"어르신, 저희 집에서만이라도 부디 마음 편히 지내십시오. 그래야 제 마음이 편합니다."

예원의는 눈가가 촉촉해져서 세로를 바라보았어요.

"신분도 미천한 제게 왜 이렇게까지 하십니까……?"

"신분이 그리 중요합니까? 저는 어르신이 지도에 바친 시간과 열정을 존경합니다. 그리고 백성을 생각하는 그 마음을 제가 본받아야 한다고 생각합니다. 제 자식들에게도 어르신처럼 훌륭한 사람이 되라고 가르칠 겁니다."

결국 예원의는 눈물을 흘리고 말았어요. 세로는 예원의의 거친 손을 꼭 잡으며 말했어요.

"지금 어르신께서 만들고 계신 지도, 꼭 제 눈으로 보고 싶습니

다. 그리고 그 지도를 만드는 데 저도 힘을 보탰다고 자랑할 겁니다. 분명 우리 후손들에게 자랑거리가 될 지도일 테니까요."

"아……."

세로는 가만히 방에서 나왔어요. 그리고 바로 관복으로 갈아입고 궁으로 향했어요. 비 피해 보고서를 받은 임금님이 세로에게 한양에 도착하는 대로 입궐하라는 명을 내렸기 때문이에요.

세로는 임금님이 머무는 편전으로 들어갔어요.

"전하, 공조의 이세로가 뵙기를 청하나이다."

"어서 들라 하라."

세로는 머리를 조아린 채 임금님 앞으로 가까이 갔어요.

"전하, 그사이 강녕……."

세로가 자리에 앉아 인사를 올리는데, 도중에 임금님이 들뜬 목소리로 말했어요.

"이세로! 자네가 이 지도를 그렸는가?"

갑작스런 질문에 세로는 어리둥절했어요. 살짝 고개를 들어 보니, 임금님은 세로가 비 피해 보고서와 같이 올린 지도를 들고 있었지요. 그 지도는 예원의에게 받은 것이었어요.

"아, 아닙니다, 전하."

"그럴 줄 알았네. 자네가 들고 간 비변사 지도와 비교해 보았는데 다른 부분이 많더군. 역참이나 봉수, 도로의 표기법도 아주 신선해. 지도를 많이 그린 장인의 것이 분명하다. 누가 그린 것인가?"

"그것이……."

세로는 임금님에게 예원의와 처음 만난 순간부터 비 피해 보고서를 완성하기까지의 이야기를 조심스럽게 아뢰었어요. 임금님은 모든 이야기를 듣고 나서도 한참 말이 없었어요. 세로는 식은땀이 나기 시작했어요.

'괜히 아뢰었나? 잘못돼서 어르신이 벌을 받게 되면 어쩌지?'

세로는 침을 꼴딱 삼키며 임금님의 말을 기다렸어요.

마침내, 임금님이 입을 열었어요.

"좋은 지도는 감춰 둘 것이 아니라 백성에게 나누어 주어 널리 쓰임을 구해야 한다라, 그자가 백성들도 그들의 안위와 생업을 위해 지도가 필요하다고 생각했단 말이지? 참으로 기특한 자로구나. 그자의 생각에 짐도 동의한다. 자네도 그렇게 생각하고 있겠지?"

임금님의 목소리는 살짝 떨리고 있었어요. 세로는 큰 감명을 받아 그 어느 때보다 힘찬 목소리로 대답했어요.

"그러하옵니다, 전하!"

"허허허허, 그런 특별한 인재를 찾아내다니! 자네는 복덩어리야, 복덩어리! 그래, 내 자네에게 상을 내리겠네. 받고 싶은 것이 있는가? 이세로, 무엇이든 들어줄 테니 말해 보아라."

임금님의 말이 떨어지기가 무섭게 세로가 냉큼 대답했어요.

"전하, 상 대신 청이 하나 있사옵니다."

"그것이 무엇인고?"

"예원의라는 자가 지금 만들고 있는 지도를 완성하는 데 힘을 보태어 주시옵소서."

"힘을 보태어 달라? 어떻게 말인가?"

"규장각과 비변사 서고에 있는 지도를 예원의가 볼 수 있게 해 주시옵소서. 그러면 새 지도를 완성하는 데 정말 큰 도움이 될 것이옵니다."

임금님은 잠시 고민하고는 조심스럽게 말했어요.

"짐이 언질을 해 놓을 테니, 규장각과 비변사의 서고에 있는 지도를 보아도 좋다."

"전하! 성은이 망극하옵니다!"

세로는 편전에서 나와 곧장 집으로 달려갔어요. 그리고 예원의에게 임금님의 칭찬과, 나라에서 보관 중인 지도를 볼 수 있게 되었다는 기쁜 소식을 전했지요. 예원의는 감격의 눈물을 흘리며 궁 쪽을 향해 큰절을 올렸어요.

다음 날부터 예원의는 하루도 빠짐없이 규장각과 비변사 서고를 방문했어요. 서고에 보관되어 있는 방대한 양의 우리 지도와 외국에서 들여온 진귀한 지도들을 본 예원의는 마치 천국에 온 듯한 표정을 지었지요. 세로도 함께 지도와 지리지를 살피며 어떤 지도를 만들어야 백성들이 보기에도, 들고 다니기에도 쉬울까 고민했어요. 덕분에 지도를 보는 세로의 안목은 한층 높아졌어요.

"어르신, 이것 좀 보십시오. 정상기라는 학자가 만든 지도첩인데, '백리척'이라는 축척법을 사용했다며 그 원리를 설명하고 있습니다. 아주 기발합니다."

세로의 말에 예원의는 매우 반가운 얼굴로 말했어요.

"아! 그러고 보니 제가 참고하려고 수집한 지도들 중 백리척을 사용한 것들이 있었습니다. 하지만 별다른 설명이 없어서, 그게 어떤 원리인지 알 수가 없었는데……."

예원의는 지도첩에 쓰여 있는 발문을 읽으며 무릎을 탁 쳤어요.

"아! 지도 위에 100리 거리를 모두 동일한 길이로 표시하기 위해 사용한 방법이군요!"

"그렇습니다. 100리를 1척, 10리를 1치로 표시해서 지도에 나오는 거리 정보의 기준을 세웠네요. 게다가 산이 많은 곳은 1척을 100리가 아닌 120리나 130리로 표시했습니다. 이것은 골짜기를 돌아가거나 산을 넘으면서 잰 거리는 실제 직선 거리보다 길기 때문에 이를 반영한 것이겠지요?"

"그런 것 같습니다. 조선 땅은 산이 유난히 많고 구불거리는 길도 많으니, 이 백리척을 이용하면 실제 거리를 훨씬 더 정확하게 가늠할 수 있겠네요. 그나저나 말입니다……."

예원의가 세로를 흐뭇한 미소로 바라보자 세로는 고개를 갸웃거리며 물었어요.

"어르신, 왜 그러십니까?"

"세로 나리도 이제 지도 장인이 다 되셨습니다. 허허허!"

"그렇습니까? 하하하!"

그러던 어느 날, 예원의는 혼자 비변사로 향했어요. 세로는 공조에서 밀린 업무를 처리하고 있었지요. 그런데 비변사에서 일하는 세로의 먼 친척인 이세명이 다급하게 뛰어왔어요.

"형님, 세로 형님! 큰일 났습니다! 지금 예원의가 의금부로 끌려갔습니다!"

세로는 깜짝 놀라 자리에서 벌떡 일어났어요.

"뭐라고? 왜? 도대체 무슨 연유로?"

"그것이…… 사실은…….''

이세명의 말에 의하면, 비변사의 일부 관리들이 예원의를 모함한 것 같다고 했어요. 그 관리들은 과거에 임금님의 명령으로 조선 팔도 지도를 만들었는데, 그 지도가 장안에 떠돌아다니던 지도들을 대충 엮어 만든 것이라는 사실을 들켜 큰 벌을 받았대요. 그 일로 많이 예민해져 있던 관리들의 눈앞에 중인 신분인 예원의가 임금님의 명령이랍시고 비변사를 자유롭게 들락거리니 시기심이 생기고 만 것이었어요.

"그렇지 않아도 아니꼬운 눈으로 예의 주시하고 있던 참에, 하필 오늘 예원의 그 사람이 지도를 베끼고 있었답니다. 그러자 '전하께서 지도와 지리지를 보는 것은 허락하셨으나, 이를 베끼는 것까지는 아니다! 지도를 베껴 밖으로 유출하는 것은 국법에 어긋날 터!'라며 의금부로 끌고 갔답니다. 이를 어쩝니까……."

자초지종을 듣고 보니 정말 큰일이었어요.

황급히 의금부로 달려간 세로는 눈앞이 더 깜깜해졌어요. 고문을 받고 있는 예원의의 죄목이 늘어나 있었기 때문이에요.

"국경을 수비하는 군영의 종사관이 올린 보고서에 의하면 예원의 네놈이 청나라의 첩자이며 청나라에 우리나라 지도를 넘겼다는데, 그것이 사실인가?"

"예? 아닙니다, 절대 아닙니다! 그때가 너무 추운 겨울이라 소인은 민가를 찾아 헤매고 있었습니다. 몇 날 며칠을 굶은 데다 추위로 정신이 혼미해져서 그만 국경인지 모르고 넘다가 잡혔을 뿐입니다. 그때 군사들도 제 사정을 듣고 풀어 주었는……."

예원의의 대답에 세로는 눈을 질끈 감아 버렸어요. 차라리 국경 근처에도 가 본 적 없다고 대답했으면 좋았을 텐데, 국경을 넘었다고 자백한 꼴이 되어 버렸으니까요.

"이노옴! 지도를 그리는 지도쟁이가 국경인 줄 모르고 넘었다니! 그게 말이 된다고 생각하느냐? 네놈은 청의 첩자가 분명하다!"

"아닙니다! 아닙니다! 저는 절대 청의 첩자가 아닙니다!"

"순순히 인정하지 않는다면 어쩔 수 없지. 여봐라! 저놈을 매우 쳐라!"

고문을 당하는 예원의를 눈앞에 두고 세로는 가만히 있을 수가 없었어요. 예원의의 비명에 세로는 눈물을 흘리며 임금님이 머무는 편전으로 달려갔지만, 임금님은 세로의 알현을 거절했어요.

"전하, 전하! 예원의는 절대 청의 첩자가 아닙니다. 그가 첩자라면, 그를 궁으로 데려온 저 또한 첩자 아니겠습니까? 전하! 제발 예원의를 풀어 주십시오!"

세로가 편전 앞에서 큰 소리로 울부짖자, 내관이 밖으로 나와 세로에게 귓속말을 했어요.

"이러시면 안 됩니다. 지금 예원의가 국경을 넘었다는 것이 사실로 밝혀지지 않았습니까. 그 때문에 전하께서도 매우 곤혹스러워하고 계십니다."

내관의 말에 세로는 눈물을 펑펑 쏟으며 물러나야 했어요.

예원의의 심문은 3일 동안 계속되었어요. 예원의가 첩자라는 것을 시인하지 않았기 때문이었어요. 세로는 걱정으로 잠을 이루지 못했어요. 예원의를 한 번이라도 보면 마음이 놓일 것 같은데, 면회마저 금지되어 있었어요.

결국 세로는 뒷돈을 주고 감옥 안으로 들어갔어요.

춥고 어두운 감옥 바닥에 누워 있는 예원의의 모습은 충격 그 자

체였어요. 며칠 동안 하도 맞아서 온몸은 피로 칠갑했고, 얼굴은 해골처럼 말라 있었어요. 전국을 돌아다니느라 이미 허약해져 있었던 예원의는 더 이상 고문을 견딜 수 없을 것 같았어요. 세로는 자리에 주저앉아 흐느꼈어요.

"흑흑흑…… 이를 어쩝니까, 이를…….'

그때 예원의가 살며시 눈을 떴어요. 그리고 꺼져 가는 등불처럼 희미한 미소를 지어 보였어요.

"세로…… 나리십니까…….'

"어르신! 정신이 드십니까? 네, 접니다! 저 이세로입니다!"

"세로 나리, 저는 더 이상…… 원이 없습니다……. 다만 그 지도, 지도를…… 세로 나리께서 완성해…….'

그때였어요. 뒷돈을 받고 세로를 들여보내 주었던 포졸이 다급하게 뛰어 들어왔어요.

"어서 나가십시오! 지금 다른 이들이 오고 있습니다!"

세로는 예원의와 더 이야기를 나누지 못하고 감옥 밖으로 도망

치듯 나왔어요.

"어르신, 설마 이게 마지막이라 생각하고……."

세로는 가슴이 찢어지는 듯한 아픔을 느꼈어요. 이대로 기다릴 수만은 없다는 생각이 들자, 갑자기 좋은 생각이 떠올랐어요.

'가만, 보부상들과 상단 행수들, 마을 이장들이 예원의 어르신의 지도 덕을 많이 보았다고 했지? 그래서 다들 비 피해 보고서를 만들 때 적극 도와줬고. 그래, 바로 그거야!'

세로는 곧장 마포나루로 달려가서 쌀 파동 때 도움을 받았던 보부상들과 상단 행수를 만나 예원의의 이야기를 전했어요. 그러자 많은 이들이 예원의와 호형호제하는 사이라면서 두 팔 걷고 나서겠다는 것 아니겠어요?

"원의 형님이 의금부에 갇히다니, 이런 말도 안 되는 일이! 그걸 왜 이제야 알려 주십니까? 여기, 당장 사발통문을 돌려라! 매우 급하니 말을 이용하거라!"

보부상단은 아주 급한 일이 아닌 이상 사발통문을 돌리지 않았

어요. 그 비용이 어마어마했거든요. 그런데도 상단 행수들은 아랑곳하지 않고 예원의를 살리기 위해 적극적으로 움직였지요.

다음 날, 놀랍게도 전국 각지에서 올라온 탄원서가 속속 도착하기 시작했어요. 전부 예원의는 결백하니 풀어 달라는 내용이었어요. 어마어마한 탄원서의 양에 의금부와 비변사 관리들은 당황했어요. 그리고 마침내, 임금님이 조회 시간에 예원의에 대한 이야기를 꺼냈어요.

"백성들에게서 이렇게 많은 탄원서를 받기는 처음인 것 같다. 하나같이 예원의의 결백을 주장하고 있는데, 의금부 도사는 고하라. 예원의 그자가 자신이 첩자임을 시인하던가?"

의금부 도사는 움찔하더니 모기 같은 목소리로 대답했어요.

"아직…… 시인하지 않았습니다, 전하…….."

"심문을 한 지 며칠이나 되었는가?"

"어제로 딱 일주일이 되었습니다."

"흠…… 그 심한 고문을 일주일씩이나 당하면 자신이 짓지 않은 죄도 지었다고 하지 않겠는가?"

임금님의 말에 의금부 도사와 비변사 부제조가 불안한 듯 눈빛을 주고받았어요. 세로는 그 두 사람을 이글거리는 눈으로 째려보았지요. 그런데 그때, 임금님이 품에서 서찰 하나를 꺼냈어요.

"예원의가 청의 첩자라면 규장각과 비변사 서고 출입을 허락한 짐에게도 죄가 있을 터. 그래서 보고서를 올렸다는 종사관에게 연통을 띄웠다. 그러자 이 서찰이 왔지. 의금부 도사는 나와서 서찰에 빨간 줄로 그어진 곳을 읽어 보라."

의금부 도사는 새파래진 얼굴로 서찰을 건네받았어요. 그러고는 떨리는 목소리로 읽어 내려갔어요.

"어험……. 소신은 전부터 예원의가 만든 지도를 흠모해 왔던 터라 그가 지도를 그리기 위해 국경 주변을 돌아다녔다는 말을 믿사옵니다. 또한, 예원의의 지팡이 안에서 발견된 지도에는 청국이 자주 침략하는 평안도 국경 부근 지역이 조선 땅이라고 명백히 표시되어 있었습니다. 그러니 예원의가 청의 첩자라는 것은 말이 되지 않는 소리……."

의금부 도사는 더 이상 서찰을 읽지 못했어요. 일순간 정전에는 무거운 침묵이 내려앉았지요.

임금님의 단호한 어명이 그 침묵을 깼어요.

"지금 당장 예원의를 풀어 주어라! 내의원은 예원의의 치료와 회복에 심혈을 기울이도록 하고……."

임금님은 비변사 도제조와 부제조를 향해 말했어요.

"어명이니, 앞으로 비변사는 예원의의 지도 제작에 모든 힘을 보태도록 하라!"

임금님의 지엄한 어명에 문무백관이 일제히 고개를 숙였어요.

"분부 받들겠사옵니다, 전하!"

꼭 알아야 할 조선 시대 지도에는 어떤 것들이 있을까?

혼일강리역대국도지도 (混一疆理歷代國都之圖)

〈혼일강리역대국도지도〉는 1402년 김사형, 이무, 이회 등의 학자들이 만든 우리나라 최초의 세계 지도입니다. 아프리카 최남단까지 담고 있는 이 지도는 동양에 현전하는 지도 중 가장 오래된 세계 지도이자, 동서양을 통틀어 당시에 제작된 세계 지도 중 가장 훌륭한 지도로 평가 받고 있지요. 안타깝게도 원본 지도는 전해지지 않고, 임진왜란 때 왜군이 필사본 2종을 빼돌린 것으로 추측됩니다. 현재 서울대학교 규장각에 소장된 〈혼일강리역대국도지도〉는 일본에 있는 필사본을 모사한 것입니다.

이 지도는 중국에서 들여온 세계 지도인 〈성교광피도〉와 〈혼일강리도〉를 바탕으로, 일본 지도를 추가해 만들었으며, 지도 속 우리나라 모습은 조선 시대에 제작된 가장 오래된 지도인 이회의 〈팔도도〉와 유사할 것으로 추정됩니다. 다른 나라에 비해 중국과 조선 땅을 상대적으로 크게 그려 중국 중심의 세계관이 엿보이지만, 아프리카나 유럽 등 교류가 거의 없던 지역까지 그렸다는 점은 우리 조상들의 지식 수준과 세계를 바라보는 시각이 넓었음을 보여 줍니다.

〈혼일강리역대국도지도〉의 모사본.

동국대지도 (東國大地圖)

18세기 중엽 정상기는 이전과는 다른 획기적인 지도 제작 기술로 〈동국지도〉를 제작합니다. 〈동국지도〉는 평지가 많고 길이 직선인 중국의 지도 제작 방식이 아니라, 산과 계곡이 많고 굴곡이 심한 우리나라 지형에 맞춰 최초로 백리척이라는 축척을 사용해 실제에 가까운 방위와 거리 계산이 가능한 지도였습니다.

사진 속 〈동국대지도〉는 정상기가 만든 〈동국지도〉를 더욱 발전시킨 지도로, 안타깝게도 원본은 전해지지 않습니다. 국립중앙박물관에 소장된 〈동국대지도〉는 원본과 가장 가까운 필사본으로, 그 가치를 인정 받아 보물 제1538호로 지정되었지요. 〈동국대지도〉는 가로가 147센티미터, 세로가 272센티미터나 되는 큰 지도입니다.

보물 제1538호로 지정된 〈동국대지도〉.

이전에 만들어진 지도들은 북쪽 지방의 윤곽이 정확하지 않았으나 〈동국지도〉는 이를 보완하여 압록강, 두만강 유역과 울릉도와 독도인 우산도까지 정확하게 표시해 현재 우리나라 모습과 거의 비슷한 지도로 만들었습니다.
　　〈동국지도〉는 조선 후기 지도 제작에 획기적인 발전을 가져왔습니다. 당시로서는 가장 정확한 지도로, 이후 제작되는 지도에 절대적인 영향을 미쳐 100년 후 김정호의 〈대동여지도〉 탄생의 토대가 되었습니다.

대동여지도 (大東輿地圖)

　　〈대동여지도〉는 김정호가 1861년에 편찬하고 간행한 뒤 1864년에 재간한 병풍식 전국 지도첩입니다. 가로 20센티미터, 세로 30센티미터의 종이를 병풍처럼 이어 붙인 형태로, 22첩짜리 책으로 되어 있지요. 합체와 분리가 자유롭고, 접으면 간편하게 들고 다닐 수도 있어 정확함과 편리함을 두루 갖춘 조선 최고의 지도입니다.
　　만드는 기간도 오래 걸리고 손으로 일일이 베껴 그려야 했던 기존의 필사본 지도와 달리, 〈대동여지도〉는 목판에 지도를 새기고 종이로 찍는 목판본으로 제작했습니다. 목판본 지도는 여러 장의 지도를 정확하고 빠르게 만들 수 있어서, 많은 사람들이 널리 이용할 수 있었지요.
　　〈대동여지도〉는 산의 가파름 정도에 따라 산줄기의 굵기를 다르게 표시하였고 역참, 창고, 봉수 등의 요소를 목판본의 특성을 살린 다양한 기호로 나타내 알기 쉽게 만들었으며 도로를 직선으로 표현하고 10리 간격마다 점을 찍어서 실제 거리 또한 가늠할 수 있게 했다는 특징이 있습니다. 기존의 지도와 지리지의 장점은 모으고, 단점은 보완하면서 각종 지리 정보를 집대성해 새로운 표현과 제작 방식을 가미한 〈대동여지도〉는 단연 실용성과 정확성을 두루 갖춘 조선 최고의 지도입니다.

보물 제850-3호로 지정되어 있는
〈대동여지도〉. 목판으로 찍어
그 위에 채색을 가미하였다.

조선 최고의 지도가 완성되다

"맞아서 부러진 다리뼈는 나이 때문에 잘 붙지 않을 겁니다. 예전에도 같은 자리가 부러진 적 있다고 하더군요. 그러니 전하께서 내리신 탕약을 꾸준히 들게 하십시오. 그렇게만 한다면 조금 절룩거릴지언정, 걸을 수는 있을 것입니다. 무엇보다 절대 안정을 취해야 합니다."

어의는 세로에게 신신당부를 하고 의녀들과 함께 대문을 나섰어요. 길을 오고 가던 사람들이 어의를 알아보고 꾸벅꾸벅 인사를 했어요. 지금의 어의는 중국 최고의 명의 화타만큼이나 뛰어난 명의로 소문이 자자했거든요. 어의를 배웅하고 방으로 돌아온 세로는 깜짝 놀랐어요. 누워 있어야 할 예원의가 바닥에 지도를 펼쳐 놓고 있었거든요.

"어르신! 자리에서 일어나시면 안 됩니다! 큰일 납니다!"

세로는 버럭 화를 내며 예원의가 보고 있던 지도를 홱 빼앗았어요.

"그러지 말고 어서 주십시오. 제게 지도가 없다면 살아도 산목숨이 아닙니다."

세로는 예원의를 억지로 자리에 눕히며 말했어요.

"저도 압니다, 알아요. 하지만 지금 이렇게 움직이시면 아직 가 보지 못한 땅을 못 밟으실 겁니다. 그리고 행여 잘못되기라도 하시면 제가 전하께 큰 벌을 받습니다."

예원의는 하는 수 없이 자리에 누웠어요. 하지만 누운 채로 여전히 방에 펼쳐져 있는 지도를 힐끔힐끔 살폈지요. 세로는 지도를 치우다 말고 한숨을 푹 내쉬었어요.

"정말 못 말리는 분이십니다. 방금 무얼 보려 하셨습니까? 저에게 말씀하세요."

그러자 예원의는 핏기 없는 얼굴로 환히 웃었어요.

"세로 나리가 한번 봐 주십시오. 제가 직접 가서 그려 온 압록강 하류와 서간도 지역 일대의 지도가 그 지역 사람한테서 얻은 지도와는 좀 달라서 말입니다."

"흠, 저도 압록강 하류와 서간도 지역의 지도는 처음 봅니다. 비변사에 있는 지도들도 그 지역은 제대로 표시되어 있지 않던데……. 말씀하신 대로 거리가 조금씩 다르네요."

세로는 예원의가 아픈 것도 잊고 지도를 살피느라 정신이 쏙 빠져 있었어요. 그때 아내 진서가 조용히 들어와 세로에게 말했어요.

"뭐 하시는 겁니까? 어르신이 겨우 잠드셨는데, 푹 쉬게 해 주셔야지요."

세로는 화들짝 놀란 표정으로 뒤를 돌아보았어요. 세로가 지도에 푹 빠진 사이, 예원의는 어느새 깊은 잠에 빠져 있었어요.

"이런, 나도 예원의 어르신을 닮아 가나? 허허."

그렇게 가을과 겨울이 가고, 따뜻한 봄이 찾아왔어요. 예원의는 임금님과 세로, 진서의 극진한 보살핌 덕에 자리를 훌훌 털고 일어나게 되었지요. 하지만 어의 말대로 예원의는 다리를 절게 되었어요. 세로는 절룩거리며 걷는 예원의를 볼 때마다 속이 상했어요.

"그 일만 없었다면……."

"그래도 저렇게 일어나서 걸으시는 모습을 보면 신기할 따름이어유. 집으로 다시 모셔 왔을 때는 금방이라도 초상을 치를 것 같았잖아유."

그런데 그때, 방에서 나온 예원의의 차림새를 보고 세로와 돌쇠는 동시에 벌떡 일어났어요.

예원의가 등에 봇짐을 메고 대나무 지팡이를 들고 있었어요.

"어르신! 지금 어디로 가시려는 것입니까?"

"다리도 다 나았겠다, 거리를 정확히 재지 못한 지역에 가서 확인을 해 보려고 합니다."

세로는 머릿속이 하얘져서 대문 밖으로 나가는 예원의를 말리지도 못하고 멍하니 서 있었어요. 그런데 어느새 아내 진서가 짐을 챙겨 와 세로의 품에 안겨 주었어요.

"서방님, 함께 다녀오세요. 몸조심하시고요."

세로는 아내 진서와 그 등에 업혀 있는 딸 세온이, 그리고 아들 성원이를 차례로 보았어요. 그리고 말없이 고개를 끄덕이고는 예원의의 뒤를 쫓아갔어요.

며칠 뒤, 세로가 닿은 곳은 강원도의 어느 산자락이었어요.

"헉헉……. 길이 산허리를 따라서 빙빙 도니, 거리를 정확하게 재기가 힘드네유."

"그래서, 네가 잰 거리는 몇 리더냐?"

"제 걸음으로 720보니까, 아니 780보였나? 아무튼 2리 정도 되는 것 같아유."

1리는 360보와 같고, 1보는 사람이 두 걸음을 간 거리를 뜻해요. 하지만 세로가 '승량지법', 다시 말해 새끼줄로 잰 거리는 3리가 채 못 되었어요. 넓은 조선 땅을 생각하면 큰 차이는 아니었지만, 정확한 거리를 알기 원하는 예원의는 못마땅한 얼굴을 하고 있었지요. 돌쇠는 예원의의 표정을 보더니 세로에게 살려 달라는 눈빛을 보냈어요.

"흠……. 내일 다시 잴까요, 어르신?"

예원의는 고개를 절레절레 저었어요. 그러다 잠시 고민하더니

한 가지 제안을 했어요.

"제가 듣기로는 '기리고차'라는 수레가 있다고 합니다. 그걸 전하께 부탁해 빌려 오면 어떻겠습니까?"

"기리고차? 그게 뭡니까?"

"말이 끄는 수레에 인형과 북이 설치되어 있답니다. 수레가 움직여 10리를 가면 인형이 저절로 북을 여러 번 치고, 5리를 가면 북을 한 번, 1리를 가면 종을 여러 번 울려 거리를 알려 주는 거리 측정 기구인데 아주 정확하답니다."

"우아, 신기하네유! 이런 굽은 길에 딱이겠어유!"

세로는 곧바로 임금님에게 올릴 서찰을 써 내려갔어요. 그리고 돌쇠에게 쥐어 주며 한양에 갔다 오라고 했지요. 방금까지만 해도 죽는 시늉을 하던 돌쇠가 얼른 다녀오겠다며 쌩하고 사라졌어요.

그날 저녁, 세로와 예원의는 머물고 있던 마을로 돌아가다가 길을 잃었어요. 엎친 데 덮친 격으로, 밤이 되니 추위까지 엄습해 왔어요. 예원의의 건강이 걱정된 세로는 높은 바위로 올라가 주변을 살폈어요. 산 중턱에서 작은 불빛이 보였어요.

"어르신! 인가가 있는 것 같습니다! 저쪽으로 가시지요!"

세로가 예원의를 부축하며 산 중턱에 다다르니, 작은 암자가 나타났어요. 인기척을 듣고 젊은 스님 한 명이 밖으로 나와 두 사람을 맞아 주었어요.

"어서 오십시오. 저는 석준이라 합니다. 큰일 날 뻔하셨습니다. 이 산은 워낙 깊고 외진 곳이라 인가는커녕 사람 그림자도 보기 힘듭니다."

암자에서 홀로 수행 중이던 석준 스님은 세로와 예원의를 하나

밖에 없는 방으로 안내했어요. 그리고 방이 쩔쩔 끓을 만큼 군불도 넉넉히 때 주었어요. 두 사람의 잠자리까지 봐 주고 나서야 석준 스님은 암자 옆에 있는 작은 창고로 들어갔어요.

예원의는 한숨을 푹 내쉬었어요. 그러자 세로는 덜컥 걱정이 되어 조심스레 물었어요.

"어르신, 다리가 아프십니까?"

"그게 아니라, 지도를 완성하고 난 뒤를 생각하니 걱정이 되어서 그렇습니다."

"예? 무슨 말씀이십니까?"

세로가 고개를 갸웃거리며 묻자 예원의는 어쩔 수 없다는 듯 속마음을 털어놓았어요.

"지도를 제대로 완성한다 해도, 그 지도를 손으로 베껴 그리는 자가 전문 지도꾼이 아니라면 필경 잘못 그려 가기 마련입니다. 그러면 제가 아무리 지도를 완벽하게 만든다 해도 소용없지 않겠습니까?"

거기까지는 미처 생각하지 못했던 세로는 놀랍다는 듯 예원의를 바라보았어요.

"전 어르신을 따라가려면 아직 한참 멀었나 봅니다. 저는 지도를 완성하는 데에만 급급했으니까요."

"저는 평생 지도만 끼고 살았으니 알 수 있는 것이지요. 실제로 지도를 목숨 줄처럼 여기고 지도를 자주 베껴 그리는 보부상들도 종종 잘못 베낀 지도 때문에 길을 헤매곤 한답니다. 그래서 몇 년 전부터 고민했는데……. 완성된 지도를 목판에 새겨 찍어 내면 어떨까 합니다."

"정말 좋은 생각입니다, 어르신! 그런데 무엇이 문제입니까? 판각쟁이에게 맡기면 될 일 아닙니까?"

"사실 그런 생각을 하고부터 전국에 유명하다는 판각쟁이들은 모두 만나 보았습니다. 그런데 제 지도에는 선 표시와 점, 기호까지 많아 빽빽하지 않습니까? 그래서 다들 손사래를 치더군요. 제가 생각해도 해낼 만한 깜냥이 안 되는 자들이었고요."

그 말은, 완벽주의자인 예원의의 눈에 든 사람이 없다는 뜻이었어요. 세로는 한양으로 돌아가면 의궤를 만들던 판각쟁이들을 만나 봐야겠다고 생각했어요. 하지만 그 사람들에게 일을 맡기려면 복잡한 절차를 거쳐야 하기 때문에 허락이 쉽지 않을 수도 있었지요.

'내가 먼저 알아보고 나서 어르신에게 말씀 드려야겠군. 안 그러면 실망하실 수도 있으니까…….'

예원의와 세로는 각자의 생각에 잠긴 채 자리에 누웠어요. 그리고 어느새 잠이 들었지요.

새벽 즈음, 세로는 소변이 마려워 자리에서 일어나 뒷간에 가려고 밖으로 나왔어요. 그런데 암자 옆 창고에서 불빛이 새어 나오고 있었어요.

'석준 스님이 이 늦은 시간까지 불경을 외시나? 아니면 깜빡 잠이 드신 건가?'

세로는 창고로 다가가 문을 두드렸어요. 하지만 안에서는 아무런 대답이 없었어요. 조심스럽게 문을 열고 안을 들여다본 세로는 눈이 휘둥그레졌어요. 겉으로 보기에는 평범한 창고였는데, 안쪽으로 천연 동굴이 길게 이어져 있었어요. 동굴 깊숙한 곳에는 수많은 촛불과 잘 마름질 된 목판들이 켜켜이 쌓여 있었어요. 호기심이 일어난 세로는 안으로 들어가 목판들을 살펴보았어요. 목판에는 불경이 빼곡히 새겨져 있었지요.

"호오…… 이럴 수가! 궁궐에서 새긴 목판과 비교해도 전혀 손색이 없을 만큼 뛰어나군. 아니, 이것은?"

세로를 더욱 놀라게 한 것은 불경의 내용을 그림으로 새겨 놓은 목판들이었어요.

"선의 굵기와 모양도 다양한데 이렇게나 섬세하다니. 마치 부처님이 있는 산과 강이 눈앞에 펼쳐지는 것 같군."

목판 더미들을 따라 안으로 들어가자 석준 스님의 뒷모습이 보였어요. 스님은 촛불을 환하게 밝혀 놓은 곳에서 열심히 판각 작업을 하고 있었어요. 그러다 인기척을 느꼈는지, 뒤를 돌아보았어요.

"으악! 아이코, 세로 나리 아니십니까? 왜 주무시지 않고 나오셨습니까? 방이 차가워졌습니까?"

"아닙니다. 잠깐 뒷간에 가려고……. 그나저나 이 목판들은 모두 직접 판각하신 겁니까? 혼자서요?"

석준 스님은 쑥스러운 듯 얼굴을 붉히며 고개를 끄덕였어요.

"제 나름의 수행법입니다. 저는 스승님의 뜻을 받들어 중생들을 올바른 길로 이끌기 위해 불경을 널리 전파하기로 하였지요. 그런데 백성들이 불경을 보려면 서책을 일일이 손으로 베껴야 합니다. 글자를 모르는 백성들도 많고요. 그래서 불경의 내용을 글과 그림으로 쉽게 풀어서 책으로 찍기로 결심했습니다. 이 작업을 한 지도 벌써 5년째입니다."

석준 스님의 이야기에 빠져 있는 사이, 예원의가 세로를 찾으러 창고로 들어왔어요. 예원의 또한 석준 스님이 새겨 놓은 목판들을 보고 감탄을 금치 못했어요.

"이렇게 훌륭한 새김은 처음 봅니다! 이 정도 솜씨라면……!"

예원의는 세로와 눈을 마주치고 고개를 끄덕였어요. 그 모습을 본 석준 스님은 의아하다는 표정을 지었지요.

두 사람은 석준 스님에게 자신들이 만들고 있는 지도를 목판에 새겨 인쇄하고 싶다는 뜻을 내비쳤어요. 물론, 석준 스님이 판각을 해 주길 바란다는 것도요.

"이런…… 두 분의 뜻은 잘 알겠지만 지금은 힘듭니다. 새겨야 할 불경이 아직 많이 남았거든요. 게다가 지도는 한 번도 새겨 본 적이 없어서 잘할 수 있을지 모르겠습니다."

"지금 당장 부탁 드린다는 것이 아닙니다. 저희도 아직 지도를 완성하지 못했습니다."

"맞습니다. 석준 스님 실력이라면 충분히 해내실 수 있습니다. 저희가 만드는 지도 또한 백성들을 위한 것입니다. 몇 달 뒤라도 좋으니 꼭 부탁 드립니다, 스님."

세로와 예원의는 번갈아 가며 석준 스님을 설득했어요. 그러자 마침내 석준 스님은 머리를 몇 번 긁적이더니 합장을 하며 고개를 숙였어요.

"이 외딴 곳에서 여러분을 만나게 된 것도 다 부처님의 뜻. 중생들을 위한 두 분의 마음에 함께 따르겠습니다."

세로는 뛸 듯이 기뻤어요. 하늘이 예원의의 마음에 감복하여 이런 행운을 가져다준 게 아닐까 하고 생각했지요.

다음 날 아침, 석준 스님의 안내를 받아 무사히 마을로 내려온 세로와 예원의는 들뜬 마음으로 돌쇠를 기다렸어요.

며칠 뒤, 돌쇠가 관군들과 함께 기리고차를 끌고 위풍당당하게 나타났어요.

"나리! 어르신! 제가 서찰을 전달하자마자 임금님께서 곧장 출발하라며 이 수레를 내어 주시지 뭐예유? 게다가 고생이 많다며 곡식과 북어도 내려 주셨어유!"

세로는 임금님의 인자함에 눈시울이 붉어졌어요. 예원의도 기리고차를 쓰다듬으며 고개를 푹 숙였지요. 돌쇠와 관군들은 잠깐 쉬고 나서 곧바로 거리 측정에 나섰어요. 기리고차의 신기한 모습에

인근 마을 사람들이 우르르 몰려들었어요.

"우아! 사람 모습을 하고 있는 것이 종을 치네!"

"그게 1리를 왔다는 뜻이라지? 신기하다, 신기해!"

사람들은 해가 질 때까지 기리고차를 따라다녔어요. 세로와 예원의도 그 뒤를 따라가며 정확한 거리를 기록했어요. 그렇게 장장 한 달 동안 두 사람은 의문이 드는 길이나 새로 생긴 길의 거리를 일일이 측정했어요. 그리고 마침내, 본격적으로 지도 제작을 시작했지요.

먼저 두 사람은 밑이 비치는 얇은 종이 한 장에 가로 80리, 세로 120리씩 들어가도록 종이를 잘라 수백 장 만들었어요. 동일한 크기의 종이에 가로세로의 선을 10리 간격으로 그린 두꺼운 종이도 몇 장 만들었지요. 그런 뒤, 각 지역의 지도를 종이 비율에 맞게 다시 그리려면 어떻게 나누어야 하는지 잘 계산해 수첩에 적었어요. 그 작업이 끝나자 예원의는 선을 10리 간격으로 그려 둔 두꺼운 종이 위에 얇은 종이를 놓고 지도를 한 장씩 그리기 시작했어요.

확대와 축소를 하면서 똑같이 그려야 하는 이 작업은 각 지점의 비율을 일일이 계산해서 그려야 하기 때문에 까다롭고 어려웠어요.

예원의는 목판으로 인쇄할 것을 염두에 두고 산줄기를 연속된 선으로 그렸어요. 크고 높은 산줄기는 굵은 선으로, 그렇지 않은 산줄기는 가는 선으로 표시하기로 했지요. 또 배가 다닐 수 있는 강줄기는 선 두 개로, 배가 다닐 수 없는 강줄기는 선 한 개로 그려 표시했어요. 처음 해 보는 작업이라 금세 지친 세로와 달리, 평생 지도를 그려 온 예원의는 놀라운 집중력으로 한 장 한 장 계속 완성해 나갔어요.

늦봄부터 시작된 작업은 깊은 가을이 되어서야 끝이 났어요. 수백 장의 지도를 가운데에 모아 본 세로와 예원의는 너무 기뻐 어쩔 줄 몰라 했어요.

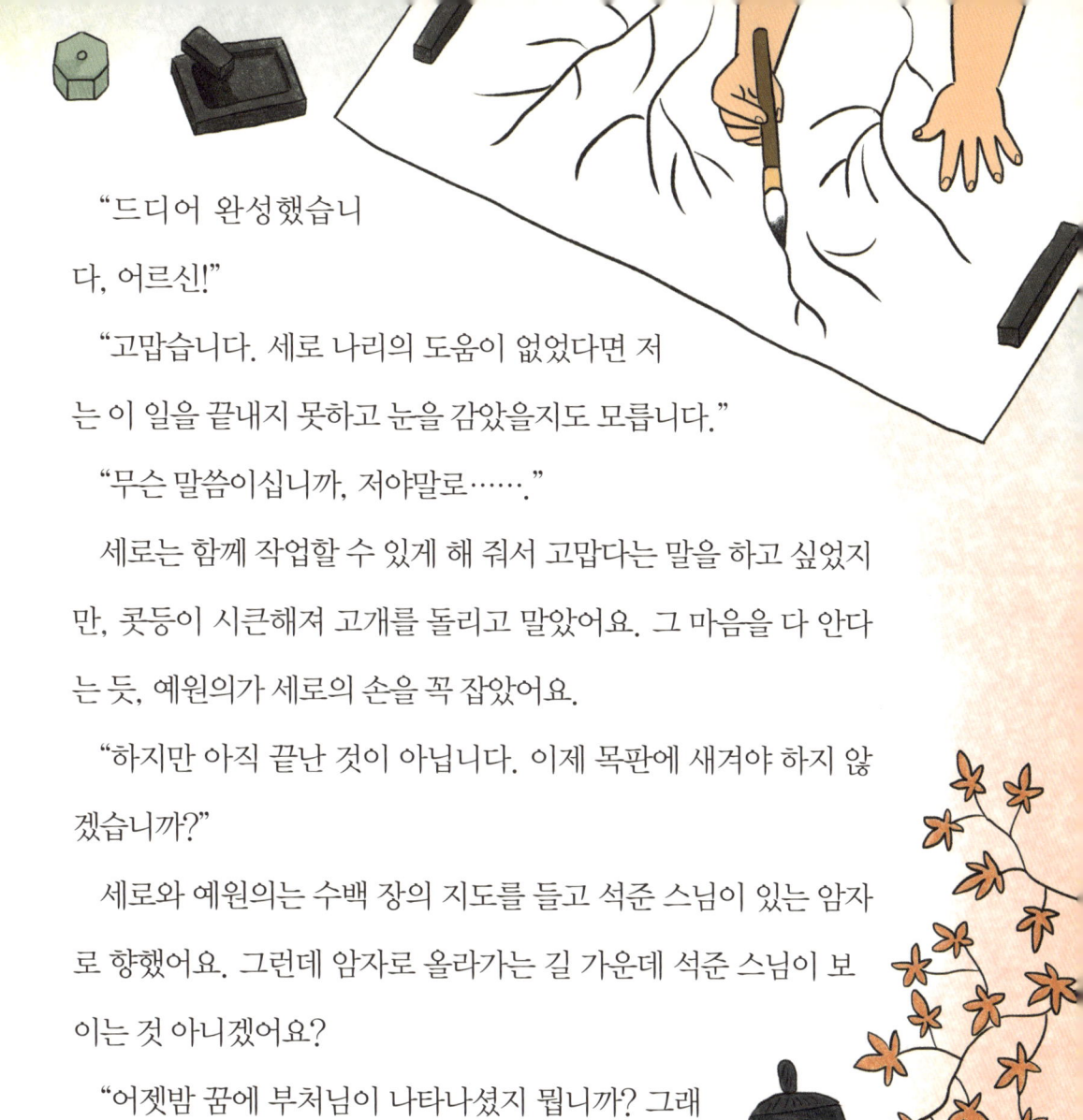

"드디어 완성했습니다, 어르신!"

"고맙습니다. 세로 나리의 도움이 없었다면 저는 이 일을 끝내지 못하고 눈을 감았을지도 모릅니다."

"무슨 말씀이십니까, 저야말로……."

세로는 함께 작업할 수 있게 해 줘서 고맙다는 말을 하고 싶었지만, 콧등이 시큰해져 고개를 돌리고 말았어요. 그 마음을 다 안다는 듯, 예원의가 세로의 손을 꼭 잡았어요.

"하지만 아직 끝난 것이 아닙니다. 이제 목판에 새겨야 하지 않겠습니까?"

세로와 예원의는 수백 장의 지도를 들고 석준 스님이 있는 암자로 향했어요. 그런데 암자로 올라가는 길 가운데 석준 스님이 보이는 것 아니겠어요?

"어젯밤 꿈에 부처님이 나타나셨지 뭡니까? 그래서 두 분이 오시나 보다 해서 마중을 나왔습니다."

저번처럼 또 길을 잃으실까 염려되어서요."

세로와 예원의는 암자에 도착하자마자 보자기를 풀어 석준 스님에게 지도를 보여 주었어요. 스님은 지도 한 장 한 장을 자세히 살피며 눈을 반짝였어요.

"정말 대단한 작업을 하셨군요. 제가 이 지도를 목판에 새기게 되어 영광입니다."

여러 가지 선과 기호, 글씨가 잔뜩 그려진 지도를 판각하는 일은 분명 복잡하고 어려운 일일 텐데도 석준 스님은 즐거운 듯 창고로 들어갔어요.

"어르신, 석준 스님이 판각한 지도를 제대로 찍어 내기 위해서는 조선 최고의 종이를 찾아야 하지 않겠습니까?"

세로의 물음에 예원의가 웃으며 말했어요.

"제가 전에도 말씀 드렸지요? 나리도 이제 정말 지도 장인이 다 되셨습니다."

"맨날 걱정이 태산이시던 분이 이번엔 걱정 안 되십니까?"

"하하하, 다 생각해 놓았습니다. 혹시 지물상 김재윤을 기억하십니까? 문경새재를 넘기 전에 묵은 주막에서 만난 떠꺼머리총각 말입니다."

세로는 천천히 기억을 더듬다가 손뼉을 짝 쳤어요.

"아! 경상도의 '김가네 한지' 말씀이시지요? 상품 중의 상품이라고 하셨던······!"

"맞습니다. 이미 그때, 목판을 그 종이에 찍어야겠다고 점찍어 놓았지요."

세로는 재빨리 돌쇠를 불러 김재윤을 찾아 달라고 이야기했어요. 지금껏 지도가 완성되기를 지루하게 기다리던 돌쇠는 이제야 할 일이 생겼다며 신나게 길을 떠났어요. 몇 주 뒤, 김재윤이 함지를 메고 돌쇠와 함께 나타났어요. 그사이 김재윤은 장가를 갔는지 땋은 머리 대신 상투를 틀고 있었지요.

"하하하, 세로 나리! 제가 아버지를 설득해 꽁꽁 숨겨 두었던 최고 품질 종이를 쏙쏙 빼 왔습니다! 넉넉히 가져왔으니 마음껏 쓰십시오. 그때 여기 지도쟁이 영감님이 귀띔해 주지 않았더라면 한양에서 종이를 똥값으로 넘길 뻔했는데, 제가 배짱을 부려 가격을 다섯 배나 더 받아 왔지 뭡니까? 그 덕에 장가도 가고, 아이도 곧 태어납니다!"

"그거 정말 경사로구먼. 축하하네!"

예원의의 축하를 받은 김재윤은 더욱 신이 나서 말했어요.

"그리고 놀라지 마십시오! 제가 아버지를 도와 김가네 한지의 명맥을 잇기로 했습니다. 어릴 때부터 보고 자란 게 있어서, 저도 제법 근사한 종이를 만들게 되었지요. 그러니 이제부터 종이가 필요하면 꼭 저에게 말씀하십시오!"

예원의는 세로와 김재윤, 석준 스님, 돌쇠가 지켜보는 앞에서 떨리는 마음으로 첫 번째 목판 위에 먹물을 칠하고, 그 위에 한지를 올려놓아 정성스럽게 누른 뒤 떼어 냈어요. 그러자 먹물을 곱게 먹은 한지에 멋진 지도가 모습을 드러냈어요. 한 켠에는 '조선도로도'라는 이름도 찍혀 있었지요.

세로와 예원의는 지도를 새긴 목판에 종이를 찍은 후, 들고 다니기 적당하도록 병풍처럼 접었어요. 그렇게 모두 합쳐 총 22첩의 책이 나왔어요. 이 22첩의 책을 펼쳐서 이으면 조선 전체의 국토와 도로가 나타나는 형태였어요.

　세로와 예원의는 22첩의 지도책을 들고 한양으로 갔어요. 지도가 완성되기까지 아낌없는 지원을 해 준 임금님에게 지도를 올리기 위해서였지요.

임금님은 넓은 궁 마당에 〈조선도로도〉를 전부 펼쳐 놓고 왔다 갔다 하면서 자세히 살폈어요. 임금님의 눈은 어린아이가 처음 여행을 할 때처럼 반짝거렸어요.

"여기가 수원이로구나! 한양에서 출발해 노량진을 거쳐 한강을 건너고, 이 길을 쭉 따라 시흥대로로 가면 되는 것이지. 그래, 내가 봤던 산과 강이 여기에 그대로 그려져 있구나!"

임금님은 크게 감명을 받아 전국 방방곡곡이 그려진 지도를 한참 살피셨어요. 그런 뒤, 마당 한쪽에 계속 엎드려 있던 예원의에게 가까이 오라 명했어요.

"그대가 말했다지? 지도는 나라의 것이기에 앞서 백성의 것이어야 한다고."

예원의는 온몸을 덜덜 떨며 말했어요.

"네, 전하……. 제가 감히, 송구스럽사옵니다……."

"아니다, 아니야. 자네가 만든 지도를 보니 정말 그렇게 생각할 만도 하다. 이 훌륭한 지도를 비변사 서고에 감추고 썩히기에는 너무나 아깝구나. 그러니 온 백성이 함께 보는 것이 맞다! 여봐라, 이 지도를 많이 인쇄하여 백성들도 지닐 수 있도록 하라!"

임금님은 재정과 물품을 담당하는 호조에 지도를 찍을 종이와 먹을 충분히 공급하라고 명령했어요. 세로와 예원의에게는 큰 상을 내렸어요.

며칠이 지났어요. 예원의는 아직도 그날 본 임금님에 대해 입이 마르도록 칭송했어요.

"가까이에서 뵈었던 전하는 정말 부처님이 아닐까 싶을 만큼 인자하고 온화하셨습니다. 게다가 어찌 그리 영민하신지! 그런 분이 내 나라 임금님이라니……. 조선에서 태어난 것이 참으로 행운입니다. 참으로요."

세로와 함께 문경새재를 넘어 동래로 가던 예원의는 가야댁 앞에서도 자랑을 늘어놓았어요. 입담 좋고 넉살 좋은 가야댁도 처음엔 장단을 맞춰 주었지만, 자랑이 끝날 기미가 없자 하품을 하기 시작했어요.

"하아아아암! 아이고, 예 씨가 이렇게 말이 많았나? 오랫동안 알고 지냈지만 이런 모습은 또 처음이네. 그나저나 그 지도가 좋긴 좋더만요. 우리 주막도 표시되어 있고, 호호호!"

가야댁의 말에 세로와 돌쇠는 고개를 번쩍 들었어요.

"그런가? 그래서, 손님은 많이 오는가?"

"그럼요. 빗물에 휩쓸려 갔던 도로도 다시 보수되었고, 지도에도 떡하니 표시되어 있으니 이 도로를 찾는 사람도 많아졌지요. 덕분에 우리 주막에 들르는 사람도 덩달아 늘었고요. 아이고! 저기 또 한 무리가 올라오네. 도대체 쉴 틈을 안 준다니까!"

말투는 불평스러웠지만, 가야댁은 돌고개를 올라온 사람들에게 어서 오라며 살가운 손짓을 보냈어요. 그 모습을 본 세로는 흐뭇한 미소를 지었어요.

"어르신, 방금 들으셨지요? 도로가 금방 다시 만들어지고 그 길을 따라 사람들이 많이 오고 가는 것. 그게 다 어르신이 만드신 지도 덕분입니다. 안 그렇습니까, 어르신?"

그런데 예원의는 계속 꿈꾸는 듯한 표정만 짓고 있었어요.

"어르신, 왜 그리 멍하니 계십니까? 임금님 자랑을 하느라 힘이 다 빠지셨습니까?"

"하하하, 그게 아니라……. 실은 비변사에서 봤던 세계 지도를 생각하고 있었습니다."

세로와 돌쇠는 영문을 몰라 서로를 바라만 보았어요. 그러자 예원의가 깜짝 놀랄 말을 했어요.

"조선의 국토는 모두 다녀 봤으니, 전하께서 내려 주신 상을 노잣돈 삼아 더 넓은 세상을 돌아다니며 세계 지도를 그려 보고픈 생각이 들었습니다. 어떻습니까? 세로 나리도 함께하시겠습니까?"

그때, 막 주막으로 들어온 손님들을 향해 가야댁이 큰 소리로 외쳤어요.

"지금 들고 있는 그 지도 말이에요, 저기에 계신 두 분이 만든 거랍니다! 호호호!"

"오, 그게 정말이오?"

손님들이 세로와 예원의에게 살짝 고개를 숙여 인사했어요.

"이 지도 덕분에 이곳저곳 다니기가 편해서 장사도 잘 되고 있소이다."

"나도 그렇소. 고맙소이다!"

세로와 예원의는 함박웃음을 지으며 답인사를 했어요.

세로가 말했어요.

"세계 지도 한번 만들어 볼까요, 어르신?"

조선 시대에는 어떤 도로가 나 있었을까?

조선 시대의 도로

과연 조선 시대에도 고속 도로가 있었을까요?

조선 시대에는 '모로 가도 한양만 가면 된다.'라는 말이 있었을 정도로, 조선 8도를 사통팔달 연결하는 도로가 잘 갖추어져 있었습니다. 물론 오늘날처럼 아스팔트 바닥에 자동차가 다니는 8차선, 16차선 같은 넓은 도로는 아니었고 지금의 국도, 지방도, 시도, 군도 등처럼 도로 종류가 다양하지 않았지요. 하지만 조선 시대에도 임금이 내린 어명을 지방 관청에 전달하고 각 지방에서 세금으로 걷은 특산물과 곡물을 한양으로 올려 보내기 위한 길, 물건을 팔기 위해 전국 방방곡곡 돌아다니던 보부상들이 다니던 길, 과거를 보러 한양으로 향하던 영남 지방 선비들이 오고 가던 문경새재 같은 길이 있었습니다.

영남 지방 선비들이 많이 이용한 길인 문경새재의 오늘날 모습. 문경새재의 '문경(聞慶)'은 '경사스러운 소식을 듣는다'라는 뜻이다.

그 밖에도 나라에 중요한 일이 일어났을 때 피워 올리는 불인 '봉화'와 함께, 중요한 정보를 지방에 빠르게 전달하기 위해 설치한 '파발' 제도를 수행하는 '보발(급한 공문이나 정보를 전하는 일을 맡은 사람)'과 '기발(말을 타고 급한 공문이나 정보를 전하던 사람)'이 다니던 길 역시 존재했지요.

조선 시대의 도로 관리

그렇다면 조선 시대에는 도로 관리를 누가, 어떻게, 어디서 했을까요?

조선을 다스리는 기본 법전인 《경국대전》에 따르면, 조선의 도성 안 도로는 대, 중, 소로 구분하고 도로 관리는 군사를 담당하는 관청인 '병조'에서 맡았습니다. 도로는 돌판을 깔거나 작은 돌과 모래, 흙을 덮는 방식으로 포장했지요.

또 일정 거리마다 돌무지를 쌓고 장승을 세워서 사방으로 통하는 거리와 지명을 기록해 이정표처럼 사용했습니다.

시간이 흐르면, 사람들이 자주 오고 가는 주요 도로가 발달하기 마련입니다. 조선에도 이 주요 도로를 따라 보발이나 기발, 외국 사신들이 들르는 역사인 '역'이 30리마다 세워졌고, 10리마다는 나라에서 파견한 관원들이 머무는 곳인 '원'이 설치되었지요. 길을 이용하는 사람의 수와 직업 등에 따라 주막이나 객주가 자유롭게 생겨나기도 했습니다. 이태원, 장호원, 조치원, 역촌동, 역삼동 등의 지명이 바로 조선 시대의 역, 원과 관련 있는 지명이지요.

하지만 새로운 도로가 건설되지 않으면서 도로 보수 또한 잘 이루어지지 않은 탓에 조선의 도로 사정은 점차 열악해졌습니다. 1800년대 후반에 조선을 방문한 외국인들은 길이 수레가 다닐 수 없을 정도로 좁고, 돌투성이에다 질퍽하고 움푹 파인 곳이 많다는 내용을 여행기에 남기기도 했습니다.

1896년 선교사 언더우드가 찍은 조선의 모습. 넓은 길도 있었지만, 좁고 흙투성이인 길도 곳곳에 있었다.

조선 시대의 주요 10대 도로

조선 시대에는 사람들이 자주 오고 가던 대표적인 주요 도로 10개가 있었습니다.

먼저 의주대로는 한양에서부터 북쪽 국경 부근의 의주까지 뻗어 있는 길로 조선에 오는 명나라와 청나라 사신들, 한양에서 중국 땅으로 가는 조선 사신들이 많이 오고 갔습니다. 중국과 무역을 하는 상인들 역시 의주대로를 자주 이용했지요. 그 과정에서 중국의 새로운 문물이 조선으로 많이 들어왔습니다. 때문에 의주대로는 굉장히 중요한 길이자, 주요 10대 도로 중 가장 잘 닦여 있는 길이었습니다.

영남대로는 조선의 발달된 문화와 과학 기술을 일본에 전해 주던 '조선 통신사'들이 다니던 길입니다. 동시에 영남 지방(지금의 경상도 지역) 선비들이 과거를 보러 한양으로 갈 때 이용한 과거길이지요. 또한 조선 주요 도시의 절반 이상이 영남대로 주변에 분포해 있는 만큼 우수한 인재를 배출한 고장이 많아, 조정에서도 굉장히 중요하게 여기던 길이었습니다.

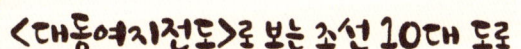

<대동여지전도>로 보는 조선 10대 도로

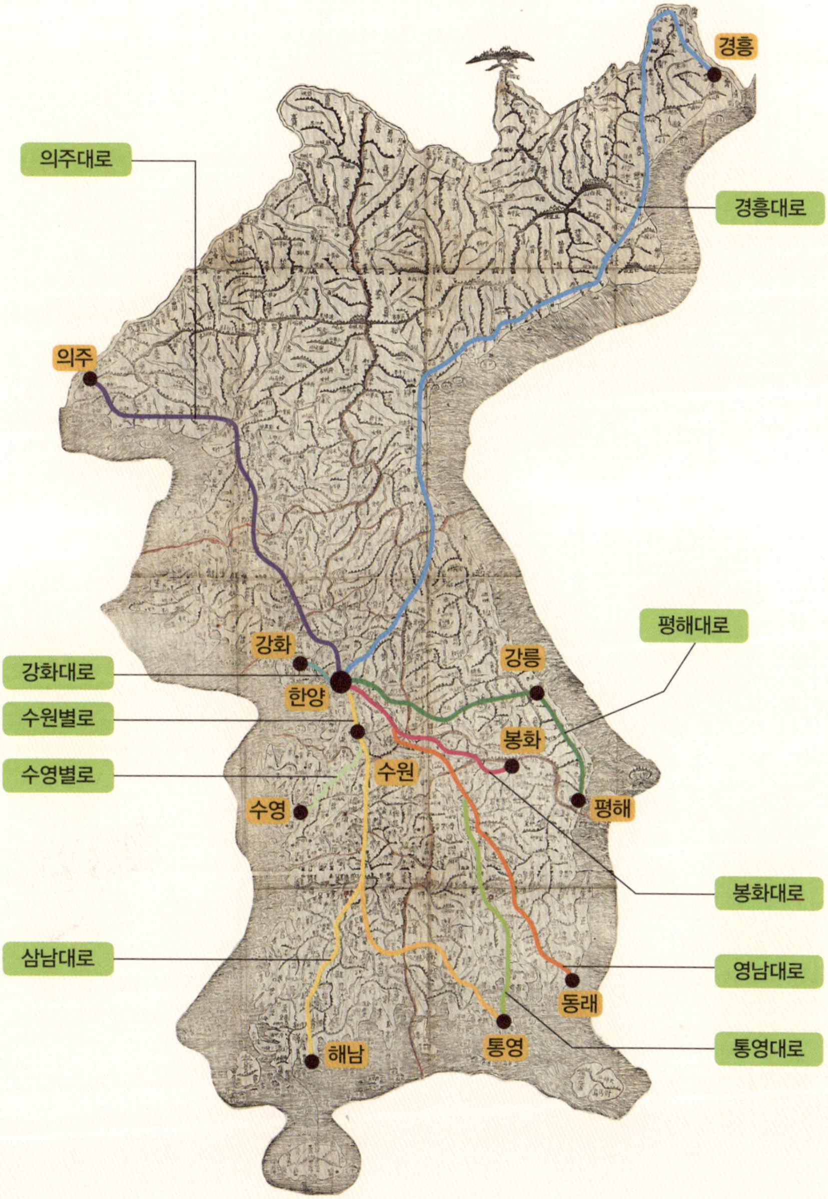

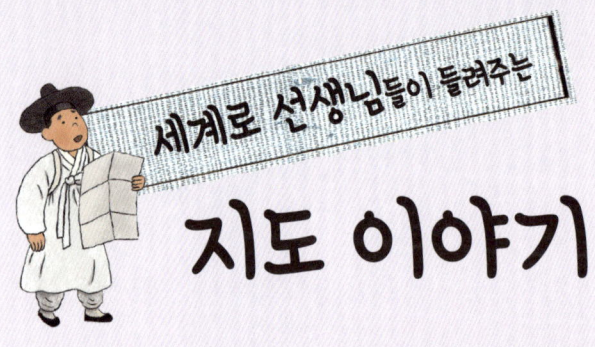

지도 이야기

세로와 함께 떠난 우리 지도 여행은 즐거웠나요?

서울 국립중앙박물관에 들를 때마다 이곳은 우리 대한민국 사람 모두의 보물 창고라는 생각이 들어요. 박물관에 전시된 유물들은 어느 하나 소중하지 않은 것이 없지만, 얼마나 관심을 갖고 공부하느냐에 따라 전혀 다르게 다가오는 것을 느낄 수 있거든요. 특히 세로와 예원이가 함께한 지도 이야기를 준비하면서 옛 지도와 관련된 여러 책들을 다시금 읽고 '아는 만큼 보인다.'라는 말의 진리를 새삼 깨달았답니다.

우리 역사 속에서 지도는 오래전부터 만들어져 왔을 거예요. 지도는 나라 영토와 주권의 범위를 알려 주는 동시에 통치를 위한 행정적인 목적으로도, 전쟁에서 승리하기 위한 군사적인 목적으로도 이용되기 때문이지요. 하지만 안타깝게도, 조선 시대 이전에 제작된 우리나라 지도 중 현존하는 지도는 없습니다. 오늘날 박물관에서 만날 수 있는 지도는 모두 조선 시대 이후 지도뿐이지요.

박물관에 온 학생들과 관람객들의 발길을 잠깐이나마 멈추게 하는 지도는 단연 〈대동여지도〉일 것입니다. 세종대왕과 이순신 장군만큼이나 우리에게

익숙한 인물인 김정호가 만든 이 지도는 더 이상 설명이 필요 없는 조선 최고의 지도이지요. 하지만 그보다 먼저 만들어진 〈혼일강리역대국도지도〉와 〈동국대지도〉, 〈동국여지도〉는 그 가치에 비해 아는 사람들이 드문 듯해 안타까워요. 제대로 된 지도를 만들기 위한 지도 장인들의 엄청난 노력을 알고 있으니까요.

　좋은 지도를 만들기 위해 필요한 것은 장인들의 노력만이 아니에요. 지리학과 천문학, 수학 등의 학문 지식이 토대가 되어야 하고, 땅의 모양과 대상의 위치, 크기를 바르게 잴 수 있는 측량 기술도 있어야 하며 산과 강, 지형 등 우리 국토에 대한 지식도 풍부해야 합니다. 즉, 지도 제작의 바탕이 되는 학문과 기술이 발달해야 하고 지도를 만들 만한 국력이 있어야 가능해요. 이렇게 만든 좋은 지도를 잘 활용하면 더욱 부강한 나라를 만들 수도 있습니다. 그래서 지도가 중요하지요.

　현재 알려진 우리 옛 지도는 약 1200여 종이 넘는다고 합니다. 이 지도들은 우리 조상들이 남긴 수많은 유물들처럼, 우리 국토에 대한 깊은 애정이 녹아 있는 소중한 역사 기록입니다. 책 속 지도 장인 예원의처럼 기존 지도들의 문제점을 찾아 보완해서 더 좋은 지도를 만들기 위해 끊임없이 노력한 결과물이지요. 이 책을 읽은 여러분도 우리 옛 지도에 관심을 갖고 소중함을 깨달아 우리 국토를 사랑하는 마음을 키워 가는 기회가 되기를 바랍니다.

사진 출처

22 〈수선전도〉_ 국립중앙도서관
49 〈조선방역지도〉_ 국사편찬위원회
50 〈곤여만국전도〉_ 규장각한국학연구원
51 〈요계관방지도〉_ 규장각한국학연구원
83 〈동국지도〉_ 규장각한국학연구원
85 〈대동여지도〉 목판 _ 국립중앙박물관
110 〈혼일강리역대국도지도〉_ 규장각한국학연구원
111 〈동국대지도〉_ 국립중앙박물관
113 〈대동여지도〉_ 규장각한국학연구원
144 문경새재 모습 _ 문경시청
146 언더우드 선교사 전도 여행 _ 연세대학교박물관
147 〈대동여지전도〉_ 국립중앙박물관

사진 협조 북앤포토

이선비, 지도를 그리다

펴낸날 2019년 4월 15일 초판 1쇄, 2025년 2월 15일 초판 8쇄
글·기획 세계로 | **동화** 황문숙 | **그림** 김도연, 정인애
펴낸이 신광수 | **출판사업본부장** 강윤구 | **출판개발실장** 위귀영
아동인문파트 김희선, 설예지, 이현지 | **출판디자인팀** 최진아, 이서율 | **저작권 업무** 김마이, 이아람
출판사업팀 이용복, 민현기, 우광일, 김선영, 이강원, 신지애, 허성배, 정유, 정슬기, 정재욱, 박세화, 김종민, 정영묵, 전지현
출판지원파트 이형배, 이주연, 이우성, 전효정, 장현우
펴낸곳 (주)미래엔 | **등록** 1950년 11월 1일 제16-67호 | **주소** 서울특별시 서초구 신반포로 321
전화 미래엔 고객센터 1800-8890 팩스 02)541-8249 | **홈페이지 주소** www.mirae-n.com

ⓒ 유창근 2019

ISBN 978-11-6413-064-1 74910
ISBN 978-89-378-4587-1 (세트)

* 책값은 뒤표지에 있습니다.
* 파본은 구입처에서 교환해 드리며, 관련 법령에 따라 환불해 드립니다. 다만, 제품 훼손 시 환불이 불가능합니다.

KC 마크는 이 제품이 공통안전기준에 적합하였음을 의미합니다.
사용 연령: 8세 이상